Aktiv gegen Cellulite

Aktiv gegen Cellulite

von Rudolf Weyergans

humboldt

Gesundheit & Medizin

humboldt-Taschenbuch 640

Der Autor:
Rudolf Weyergans ist Medizinsoziologe und Mitbegründer des Verbands Medizinischer Kosmetik. Zusammen mit Ärzten und Kliniken, Kosmetik- und Sportinstituten arbeitet er zum Thema »body image«.

Unterstützend wirkten mit:
Dr. rer.nat. Käthe Kreft-Weyergans (Biologie); Stud.ass. Anette Lehnert (Zellchemie, Physik, apparative Kosmetik); Dipl. oec. Lotte Jennes (Ernährung); Hp. Gerhard Rotter (Diäten, Bauch); Prof. Dr. med. Gerhard Jörgensen und Dr. med. Michael Rünzi (Lymphdrainage); Almut Zimmermann, Leiterin der Aachener Fachschule für Kosmetik.

2., aktualisierte Auflage 1994

Hinweis für den Leser:
Soweit in diesem Buch eine Dosierung, Applikation, Therapie oder Übungsanleitung empfohlen wird, darf der Leser zwar darauf vertrauen, daß diese Angaben dem aktuellen Stand von Wissenschaft und Forschung entsprechen. Für dergleichen Angaben kann jedoch vom Verlag keine Gewähr übernommen werden.

Umschlaggestaltung: Wolf Brannasky, München
Umschlagfoto: Fotostudio Bornemann, München
Die Zeichnungen auf S. 25, 41, 66, 69, 72, 99, 101, 102, 103, 104 stammen von Renate Holzner, Zeitlarn.

Druck: Presse-Druck Augsburg
Printed in Germany
ISBN 3-581-66640-5

2 * 94

Inhalt

Vorwort

Dem vorliegenden Buch gebe ich als Ehrenmitglied des Verbands Medizinische Kosmetik e. V., den Herr WEYERGANS 1986 gegründet hat, gerne ein begleitendes Wort mit auf den Weg.

Der Verband entstand aus dem Gedanken, daß Kosmetik mehr ist als Schönheitspflege, eben auch Gesundheitspflege und nicht zuletzt auch ein Instrument der Psychohygiene. Gründungsmitglieder waren zum einen Fachleute aus der Kosmetikbranche, zum anderen Mediziner. Erste Vorsitzende ist ALMUT ZIMMERMANN, Leiterin der Aachener Fachschule für Kosmetik. Ihr Stellvertreter war in den ersten Jahren der Arzt und Lymphologe Dr. med. GEORG DERI von der Eggbergklinik für Lymphologie in Bad Säckingen. Die Geschäftsführung lag lange in den Händen von RUDOLF WEYERGANS, Aachen.

Schon bald, nachdem der Verband seine Arbeit aufgenommen hatte, stellte sich die Notwendigkeit einer umfassenden Darstellung der Zellulitis in Form eines Buches heraus. Zwar ist die Orangenhaut Thema Nr. 1 in den Frühlingsausgaben der Frauenzeitschriften, doch einen kompakten und umfassenden Ratgeber zu diesem Thema gibt es kaum. Dabei ist die Orangenhaut als ästhetisches Problem eine Herausforderung an die Kosmetik, denn mehr als die Hälfte aller Frauen sind heute von ihr betroffen.

Doch die Orangenhaut ist mehr als nur ein ästhetisches Phänomen. Aus medizinischer Sicht ist sie das Sprungbrett in die Zivilisationskrankheit *Beinleiden*. So haben in der Bundesrepublik bereits jede zweite Frau und jeder vierte Mann Krampfadern, und auch fortgeschrittene Krankheiten wie Veneninsuffizienz oder offenes Bein werden immer verbreiteter.

Am Anfang vieler dieser Krankheitsverläufe stand einmal die Orangenhaut. Ihre Therapie, im wesentlichen richtige Ernährung und ausreichend vielseitige Bewegung, ist der beste Schutz vor möglichen späteren Leiden.

Aus diesem Grund ist dieses Buch so wichtig. Es zeigt die Ursachen der Orangenhaut, und es erklärt auf einfache Weise den menschlichen Stoffwechsel und den vernachlässigten Zusammenhang seiner Ver- und Entsorgungsmechanismen.

Dieses Buch unterbreitet Lösungsvorschläge; es animiert den Leser, einen »Gesundheitsvertrag« mit sich selbst abzuschließen, und es sagt, was jeder für sich selbst tun kann, um diesen Vertrag einzuhalten. Darüber hinaus bietet es eine Orientierungshilfe, wenn es darum geht, die Anti-Zellulitis-Angebote von Kosmetik und Industrie kritisch zu beurteilen.

Erst durch das Sich-Auseinandersetzen mit der Orangenhaut wird man lernen, sie zu besiegen. Dieser Sieg bedeutet ein wichtiges Stück Gesundheit, das wir uns alle wünschen.

Prof. Dr. med. Gerhard Jörgensen
Universität Göttingen

I. Ein Gespenst geht um: Orangenhaut

Mehr als jede zweite Frau in den modernen Industriestaaten leidet heutzutage unter Figurproblemen. An erster Stelle steht die berühmt-berüchtigte Orangenhaut. Ihre Verbreitung nimmt rapide zu. Auch bei Männern! »Die Orangenhaut ist eine Krankheit, die noch keine Krankheit ist«, so heißt es. Bleibt sie unbehandelt, so ist auch die Gesundheit gefährdet.

Was hat es auf sich mit dieser sogenannten Orangenhaut?

Gehört ihre Behandlung tatsächlich in die Hände der Mediziner? Oder ist sie nur ein ästhetisches Problem oder nicht mehr als ein natürliches weibliches Geschlechtsmerkmal ...?

Auch die Presse setzt sich mit diesem Thema auseinander. Schon seit einigen Jahren ist diese berühmt-berüchtigte Hautveränderung mit ihren unliebsamen Fettpölsterchen ein Schwerpunktthema in vielen Frauenzeitschriften. Zahllose Beiträge aus kosmetischer, teils aus medizinischer Sicht versuchen, Licht auf die Schatten der Furchen und Dellen an Oberschenkel und Po zu werfen. Von einem Allheilmittel indes war bis heute noch nicht die Rede.

Müssen wir die Orangenhaut also als »unheilbar« akzeptieren?

Selbst Industrie und Forschung scheinen ratlos. In der Bundesrepublik werden jährlich mehr als sieben Milliarden DM für Kosmetika ausgegeben. Sollten da nicht ausreichend Mittel zur Verfügung stehen, um brauchbare Präparate zu entwickeln – Präparate, die halten, was sie versprechen?

Wer seiner Orangenhaut den Kampf ansagt, kommt oft bald zu dem Schluß, daß all die *Cremes* und Lotionen, Gels und Tonics alleine nicht ausreichen. Also hin zu den *Apparaten*! Auch hier ist eine ganze Industrie gefordert: Medizinisch-technische Geräte – teils in hoher Stückzahl und professionell gefertigt, teils in der Garage zusammengeschustert – sind bei der Kosmetikerin und beim Verbraucher gleichermaßen gefragt – ... solange sie vorgeben, »gut gegen Orangenhaut« zu sein, jedenfalls. Doch hat man hier schon vom durchgreifenden Erfolg der einen oder anderen Behandlungsmethode gehört?

Was kann man also sonst noch tun?

Bewegung! So das Motto der Fitneß-Treibenden. Sei es zu Hause oder draußen, privat oder in der Clique, mit den Kollegen oder im Verein: fit ist in! Und das schon seit einigen Jahren. Doch noch lange nicht können all diejenigen, die regelmäßig Joggen, Spielsport oder Gymnastik betreiben, von sich behaupten, mit der Orangenhaut keine Probleme mehr zu haben. Also her mit der Spezialgymnastik und auf ins Fitneß-Studio! Mehr als 6000 solcher Institute gibt es bereits in der Bundesrepublik; täglich kommen neue dazu – mit ähnlich steigender Tendenz in Österreich, in der Schweiz und in den anderen Staaten Europas oder den USA! Doch auch hier ist die seligmachende Spezial-Übung noch nicht entwickelt. Gäbe es sie, würde die Kunde davon wie ein Lauffeuer durch die Verbände und Fachorgane eilen und einen Flächenbrand der Nachfrage auslösen.

Was bleibt also übrig?

Manche schwören auf die »richtige« *Ernährung.* Eine Diät vielleicht! Aber welche? Fragen wir die Frauenpresse, die um Empfehlungen zum Speiseplan nie verlegen ist. Und wer seine Orangenhaut und das eine oder andere Fettpölsterchen dann immer noch nicht losgeworden ist, dem bleibt ja auch noch die radikalste aller Methoden: der chirurgische Eingriff. In den USA verdienen mit dieser Methode mehr als 50 000 Ärzte ihr Geld: mit Fett-Absaugen!

Bevor wir das Handtuch werfen oder uns zu solchen Maßnahmen entschließen, sollten wir nochmals überlegen, was es mit der Orangenhaut überhaupt auf sich hat. Vielleicht gibt es ja doch Mittel und Wege, sich das Übel vom Körper zu halten. Und möglicherweise fehlt es wie bei vielen Gespenstern auch hier nur am genauen Hinsehen im hellen Licht …

Dieses Buch kann und will dem Leser nicht ersparen, sich mit seinem Körper auseinanderzusetzen. Es zeigt dabei auch, wie es unter der Haut aussieht und wie der menschliche Körper, unser Organismus, funktioniert. Dieses Buch kann dazu führen, daß Sie einige scheinbar harmlose Lebensgewohnheiten ändern, weil Sie Ihren Körper auf einmal aus einer anderen Perspektive, nämlich aus seiner eigenen, betrachten werden.

Gleichzeitig richtet dieses Buch einen Appell an all diejenigen, die die Orangenhaut noch immer auf die leichte Schulter nehmen. Denn Orangenhaut ist, wie sich herausstellen wird, mehr als nur ein Schönheitsproblem. Bleibt sie unbehandelt, ist die Gesundheit tatsächlich gefährdet; auf Dauer können Krampfadern und Thrombosen, »Wassersucht« und sogar Schäden an den Organen die Folgen sein. Dem kann man zum Glück vorbeugen! Doch bevor Sie zu lesen beginnen, wie man sich am besten schützt und wie wir uns in Anbetracht der Vielzahl von Anti-Orangenhaut-Angeboten am besten orientieren, sollten Sie etwas mehr über die Orangenhaut erfahren. Zum Beispiel über ihren Namen:

»Cellulite« / »Zellulitis«: der Streit ums rechte Wort

In den gängigen klinischen Wörterbüchern, wie Ärzte und Heilpraktiker sie tagtäglich benutzen, werden heutzutage mehr als 30 000 medizinische Fachausdrücke erklärt. Die meisten Begriffe sind eindeutig, wie es sich für die Wissenschaft gehört. Daneben gibt es auch Wörter, neue Wörter, bei denen noch nicht so recht ausdiskutiert ist, was sie eigentlich heißen sollen. Doch das ist verständlich bei den enormen Fortschritten und den ständig neuen Erkenntnissen, die in der modernen Medizin gemacht werden.

Doch dann gibt es am Ende einiger Wörterbücher noch jenes »enfant terrible«, diesen Störenfried: den Begriff »Zellulitis«.
Das Wort »Zellulitis« ist sicherlich einer der populärsten medizinischen Fachbegriffe. Welche Frau über dreißig hat ihn nicht irgendwann schon gehört, irgendwann einmal ausgesprochen! Ohne Zweifel wissen auch die meisten, was man sich unter dieser »Zellulitis« vorzustellen hat: unregelmäßige Verdickungen nämlich, Furchen und Dellen in der Haut, vor allem an den Außenseiten des weiblichen Oberschenkels; dabei kommt einem eine gewisse Ähnlichkeit mit der großporigen Schale einer Apfelsine in den Sinn, wenn man sie durch ein Vergrößerungsglas betrachtet.
Über soviel Verständnis für ihren Fachjargon sollten sich die Mediziner eigentlich freuen, – gäbe es da nicht die Situation, daß der Begriff »Zellulitis« eigentlich etwas ganz anderes bedeuten müßte. Die Endung *»-itis«* benutzt man nämlich in der Medizin immer und nur dann, wenn man es mit einer Entzündung zu tun hat. Und eine Entzündung hat in der Regel klar erkennbare Merkmale: Die betroffenen Stellen sind warm oder heiß und rot, oftmals geschwollen und schmerzhaft; eine Entzündung ist häufig durch Viren oder Bakterien verursacht. Hinzu kommt, daß eine Entzündung in aller Regel ein Krankheitszustand ist. So jedenfalls ist es von der Weltgesundheitsorganisation definiert . . .!

Ist die Orangenhaut eine Entzündung?

Aber haben wir es bei der »Zellulitis« tatsächlich mit entzündeter Haut oder entzündeten Fettzellen zu tun? Ist unsere Orangenhaut eine Krankheit?
Verschwinden Cremes und Präparate gegen dieses »Leiden« demnächst aus den Verkaufsdisplays der kommerziellen Institute und sind statt dessen gegen Krankenschein nur noch in der Apotheke erhältlich? Die Konsequenzen wären fatal; denn unter dieser »Krankheit« leidet immerhin fast jede zweite Frau. Einige tausend Kosmetikpraxen, Schönheitsfarmen, Fitneß-Studios oder Spezialinstitute für Figurpflege müßten die Orangenhaut-Behandlung aus ihrem Dienstleistungsangebot streichen. »Krankheiten« dürfen schließlich nur von Ausübenden medizinischer Berufe behandelt und »geheilt« werden.

Krankheit oder nicht?

Offensichtlich stimmt also definitorisch etwas nicht mit der sogenannten »Zellulitis«. Ihren Namen erhielt diese »Krankheit« in den zwanziger Jahren unseres Jahrhunderts in Frankreich. Man hielt diese berühmt-berüchtigte Hautveränderung zu dieser Zeit noch für eine Erscheinung aus dem rheumatischen Formenkreis. Da man dachte, daß es sich um eine Entzündung der Zellen selbst handelte, wäre der Begriff »Zellulitis« sicherlich angemessen. Die Erkenntnisse der Medizin sind jedoch nicht stehengeblieben: Die Orangenhaut hat – so weiß man mittlerweile – mit Rheuma überhaupt nichts zu tun; und die verschiedenen rheumatischen Erscheinungen im Haut- oder Bindegewebe werden allgemein als *Fibrositis-Syndrom* oder *Panniculitis* bezeichnet.

Doch welchen Namen soll die Orangenhaut denn tragen?
In einigen medizinischen Fachbeiträgen ist zuweilen durchgängig von der »sogenannten Zellulitis« die Rede. Das ist natürlich unbefriedigend. Auch der noch recht junge Versuch, die vermeintliche Zellulitis als *Liposklerose* zu begreifen, überzeugt nicht; danach wäre unsere Orangenhaut eine krankhafte Verhärtung der Fettzellen an Oberschenkel, Po und Hüfte.

Unabhängig von der Medizin hat die moderne Kosmetik das Namensproblem schon längst auf ihre Art gelöst. Sie hat den alten Begriff abgewandelt und spricht mittlerweile überwiegend von *Cellulite*.

Die Wortendung *-ite* ist eine Entschärfung der bedeutungsschwangeren Silbe -itis; eigentlich besagen diese drei Buchstaben -ite medizinisch gar nichts, – also auch nichts Falsches.

Der Vorteil des neuen Begriffs **Cellulite** liegt darin, daß er sich an das althergebrachte »Zellulitis« anlehnt. Darüber hinaus kann man »Cellulite« auch auf Englisch, Französisch und Holländisch aussprechen. Dieses Wort ist mittlerweile international gebräuchlich, und jeder weiß zumindest ungefähr, was damit gemeint ist.

Orangenhaut ist ein kosmetisches Problem

Wir werden hier die Cellulite genau untersuchen und sie von Fettpölsterchen und krankhaften Erscheinungen unterscheiden. Erst diese Differenzierung wird dazu führen, daß wir das Orangenhaut-Phänomen erfolgreich behandeln können. Schließlich muß man zuerst wissen, wie sich eine »Krankheit« äußert, bevor man fragen kann, woher sie kommt; und erst dann werden Strategien für die Behandlung entworfen.

Solange die Medizin die Differenzierung noch nicht nachvollzieht und keinen akzeptablen Namen vorschlägt, bleibt es bei dem kosmetischen Kunstwort »Cellulite«.

II. Orangenhaut: Ein weit verbreitetes Phänomen

Noch vor weniger als 20 Jahren konnte man lesen, daß jede zweite Frau über dreißig von Orangenhaut betroffen war. Diese Zahl stimmt mittlerweile nicht mehr! Heutzutage ist beinahe jede Frau mehr oder minder davon befallen; und die Frauen, die von der Orangenhaut verschont bleiben, werden immer seltener.

Hinzu kommt, daß diejenigen, bei denen sich die Orangenhaut erstmals zeigt, immer jünger werden. Schon entdeckt man selbst bei Mädchen im Pubertätsalter die ersten Verformungen an Oberschenkel oder Gesäß.

Und wie steht es mit den Männern?
Orangenhaut gilt als ein typisch weibliches Phänomen. Wenn dann auch einmal ein Mann unter Cellulite leidet, so handelt es sich meistens um jemanden, der von Natur aus sehr viele weibliche Geschlechtshormone hat, so sagt man jedenfalls.

Aber auch die Anzahl der Männer, die von Orangenhaut befallen werden, wird von Jahr zu Jahr größer. Auch hier sind es wieder überwiegend die Jüngeren, bei denen sich zum Teil während oder kurz nach der Pubertät zum ersten Mal die unschönen Verformungen zeigen.

Auf der anderen Seite ist Orangenhaut oder Cellulite keine Erscheinung der modernen Zivilisation. Auf manchen Bildern der alten Meister, beispielsweise von RUBENS oder in den Darstellungen der Südsee-Schönen von GAUGUIN, ist die Orangenhaut peinlich genau aufs Leinen gebannt. In dieser Zeit galt sie eben noch als ein typisch weibliches Merkmal und störte ästhetisch nicht.

Orangenhaut scheint es überall zu geben und schon immer gegeben zu haben. Wohl kommt sie in einigen Gebieten Südostasiens, Schwarzafrikas oder Ozeaniens wesentlich seltener vor als in den modernen Industriestaaten. Vor allem in den Ländern, wo man viel Reis ißt, ist die Orangenhaut nicht so verbreitet. Der Grund für diese Unterschiede liegt aber nicht darin, daß die Frauen in China oder Melanesien eine andere Anatomie haben, sondern sie ernähren und bewegen sich anders.

III. Wie sich Orangenhaut am Körper ausbreitet

Die unterschiedlichen Stadien

Die ersten Anzeichen von Orangenhaut entdeckt man meistens auf den Außenseiten der Oberschenkel. Häufig werden die kleinen Schatten und leichten Unebenheiten dann sichtbar, wenn man die Muskeln anspannt. Wenn es soweit ist, kann man schon von einer Cellulite im zweiten Stadium sprechen.

Um ganz sicher zu gehen, empfiehlt sich folgender Test: Man belegt mit abgespreiztem Mittelfinger und Daumen beider Hände ein bestimmtes, etwas handtellergroßes Areal auf dem Oberschenkel. Dann schiebt man die Haut mit festem Druck gegeneinander. Das Gewebe wird dabei kräftig nach innen gedrückt und gestaucht. Das ist der »Kneiftest«.

Eine Orangenhaut im ersten Stadium zeigt sich übrigens nur während des Kneiftests und sonst nicht. Sie läßt sich in relativ kurzer Zeit sehr gut behandeln und zurückbilden. Mehr darüber lesen Sie im Kapitel VIII. (S. 75 ff.).

Zeigt sich die Cellulite aber nicht nur im Test, sondern auch schon beim Sitzen auf harter Unterlage, bei angespannter Muskulatur oder im scharfen Seitenlicht, dann befindet sie sich bereits im zweiten Stadium.

Dieses zweite Stadium nennt man auch: *»Mannequin-Stadium«*; denn wer auf dem Laufsteg geht und von den Scheinwerfern mit ihrem harten Licht angestrahlt wird, bei dem haben selbst leichte Hautunebenheiten keine Chance, unerkannt zu bleiben.

Im dritten Stadium befindet sich die Orangenhaut dann, wenn die Hautunebenheiten immer gut sichtbar sind, gleich bei welchem Licht, egal, ob im Stehen, Sitzen oder Liegen.

Man sollte diese drei Stadien strikt unterscheiden, denn sie erfordern unterschiedliche Pflege und Therapie! Deshalb ist es wichtig, immer wieder einmal den »Body-Check« zu machen, – eine Art »Cellulitogramm« beziehungsweise Bestandsaufnahme dessen, wie sich die Orangenhaut verschlimmert – und auf welche Körperteile sie sich schon ausgebreitet hat. Denn eines ist sicher: Wer seiner Cellulite nicht genügend Beachtung schenkt, bei dem kann sie nach und nach den gesamten Körper befallen und die Gesundheit in arge Bedrängnis bringen.

Der Kneiftest

Der Kneiftest bringt es ans Tageslicht: Selbst eine beginnende Cellulite wird bei diesem Test sichtbar. Das gestauchte Hautgewebe verformt sich, und mehr oder weniger deutlich sieht man, was eigentlich nicht sein sollte: leichte Erhebungen, nur wenige Millimeter hoch und breit, und dazwischen kleine Furchen, die die einzelnen Dellen deutlich voneinander trennen. Das ist das erste Stadium!

Der Kneiftest ist immer eindeutig. Er kann nur dann die Orangenhaut zum Vorschein bringen, wenn bestimmte Voraussetzungen seitens des Organismus, des Bindegewebes und der Haut erfüllt sind. Hierüber werden wir bald mehr erfahren.

Wer den Kneiftest zum ersten Mal an sich selbst, der Freundin oder einem Kunden oder Patienten ausprobiert, wird überrascht sein, wieviel Kraft und Druck man bei diesem Test aufwenden muß.

Thermographie

Natürlich gibt es auch andere Methoden, Cellulite festzustellen, zum Beispiel die Thermograhie: Dabei wird eine Kunststoffolie auf das betroffene Gewebe gelegt, in dem die Cellulite vermutet wird. In dieser Folie sind schwarze Flüssigkristalle eingeschweißt, die bei Erwärmung in allen Farben zu leuchten beginnen.

Für den Cellulite-Test sind die Kristalle so eingestellt, daß sie genau im Bereich zwischen 29 und 31,5 Grad Celsius sämtliche Regenbogenfarben erzeugen. Im unteren Temperaturbereich, bei 29 Grad, leuchten sie braun oder gelb; bei 31,5 Grad ist die Folie blau. Das ist genau der Bereich der durchschnittlichen Temperatur der Hautoberfläche.

Jeder, der eine gut sichtbare Cellulite hat, weiß nun, daß das betroffene Gewebe sich immer etwas kühler anfühlt als die normale Haut. Auf die Gründe hierfür werden wir später zu sprechen kommen. Genau diesen Temperaturunterschied nutzt die Thermographie und erzeugt mit den Folien eindrucksvolle bunte Bilder.

Voraussetzung für vergleichende Ergebnisse ist natürlich, daß die Hautoberfläche nicht künstlich erwärmt oder zusätzlich abgekühlt wird und daß die Umgebungstemperatur konstant ist. Schließlich hängt das Testergebnis auch davon ab, wie fest und wie lange die Folie gegen die Haut gedrückt wird.

Gegenüber der Folienthermographie hat der Kneiftest den unbestreitbaren Vorteil, daß er immer und überall und unabhängig von Außen- oder Hautoberflächentemperaturen durchführbar ist. Auch läßt sich bei diesem Test kaum manipulieren! Der Kneiftest ist also ein Diagnose-Instrument, das sowohl vom professionellen Therapeuten als auch vom Betroffenen selbst gleichermaßen angewendet werden kann und zu gleichen Ergebnissen führt.

IV. Der Body-Check

Bei den meisten Frauen zeigt sich die Orangenhaut auf den Außenseiten der Oberschenkel zuerst. Sie beginnt mit dem unscheinbaren ersten Stadium, das man – wenn überhaupt – meist nur zufällig feststellt.

Sobald die Orangenhaut auch von anderen bemerkt wird, ist sie mindestens schon im zweiten Stadium. Dann ist in vielen Fällen nicht mehr nur der Oberschenkel alleine betroffen. Jetzt könnte der Kneiftest auch schon auf der Haut über der Sitzmuskulatur einen eindeutigen Befund bringen.

Nach dem Po werden bei den meisten Frauen nacheinander auch die Hüfte, die Bauchdecke und die Außenseite der Oberarme befallen. Wer also an den unteren Extremitäten oder am Rumpf bereits eine gut sichtbare Cellulite im dritten Stadium hat, sollte den Kneiftest auch am Arm durchführen. Selbst wenn dort nur das erste Stadium vorliegt, sollten die Arme in der Behandlung nicht vernachlässigt werden; denn die Cellulite läßt sich im Anfangsstadium viel leichter abbauen, als im fortgeschrittenen.

Der hier beschriebene Ausbreitungsverlauf ist übrigens typisch für Menschen mit einem eher stämmigen oder sportlichen Körperbau, den sogenannten »pyknischen« oder »athletischen« Konstitutionstypen. Gerade diese beiden Körperbau-Typen sind für Orangenhaut besonders anfällig.

Unterschiede je nach Körperbau

Beginnen der Pykniker oder Athlet nicht beizeiten mit einer wirksamen Therapie, kann die Orangenhaut bei ihm die Brust, den Hals und sogar Schultern und Wangen befallen; sie kann aber auch »absteigen«, was zu Stauungen im Gewebe im Sprunggelenkbereich führen – und sich höchst negativ auf den venösen Abfluß auswirken kann. Häufig kommt es dabei auch zur Herausbildung von Krampfadern.

Die athletischen beziehungsweise pyknischen Konstitutionstypen unterscheiden sich untereinander nochmals erheblich. Der eher pyknische oder »mediterrane« Typ mit schmaleren Schultern und breiterem Becken ist noch mehr gefährdet als der sportlichere athletische. Die Ursache liegt in der etwas ungleichen Verteilung von weiblichen Geschlechtshormonen. Hiervon hat der üppiger proportionierte weibliche Körper nämlich mehr als der athletisch gebaute Körper. Diesen hohen Grad an Weiblichkeit honoriert übrigens auch der Volksmund; er assoziiert ein »gebärfreudiges Becken«, und bei »vollen Brüsten« denkt man an hohe Fruchtbarkeit. Zuweilen wird diese Körperproportion, die die Hüfte betont, auch als das »Venussyndrom« beschrieben.

Die Einschätzung des breiten Beckens als Zeichen besonderer Weiblichkeit scheint in allen Kulturen und zu allen Zeiten gleich gewesen zu sein. Sie überdauert selbst den modischen Wandel, der vor der Körperstatur nicht haltmacht und derzeit in Europa und Amerika einen eher athletischen Körperbau auch für die Frau favorisiert.

Neben den typisch weiblichen, hüft-betonten, und den athletisch-sportlichen Körperproportionen gibt es den »leptosomen« Konstitutionstyp. Schultern und Becken sind bei dieser Statur auffällig schmal, die Brüste flach und die Haut empfindlich. Der leptosome Typ hat mit Orangenhaut am wenigsten Probleme. Sie beginnt hier anders als bei den beiden anderen Konstitutionstypen nicht am Oberschenkel, sondern eher oberhalb der Sitzmuskulatur. Mangels eines ausgeprägten Fettgewebes bleibt es meist dabei, und die Cellulite breitet sich, wenn überhaupt, nur sehr langsam aus.

Cellulite bei Männern

Wieder anders verhält sich die Cellulite bei Männern. Im Schnitt haben Männer 3,5 kg weniger Fettgewebe als Frauen; der Gesamtanteil des Fettgewebes am Körper macht bei ihnen nur circa 15% aus, während es bei Frauen immerhin 27% sind. Ebenfalls ist das genetisch bedingte Fettverteilungsmuster bei Männern etwas anders als bei Frauen.

Männer bekommen Cellulite in aller Regel zuerst in den Gesäßfalten. Im ungünstigen Fall wird auch die Bauchdecke betroffen. Darüber hinaus breitet sich die Orangenhaut bei Männern kaum aus. Allerdings unterliegt auch der Körper des Mannes in bezug auf die Cellulite nicht unerheblichen Einflüssen von außen, zum Beispiel durch die Ernährung. So sind auch bei den Männern zunehmend die Jüngeren und selbst schon ältere Schulkinder von Cellulite betroffen. Bei ihnen zeigt sich eine Tendenz zur Ausbildung von Orangenhaut auch auf den Außenseiten der Oberschenkel. In Kapitel VI. können Sie nachlesen warum (vgl. S. 53 ff.).

Welcher Konstitutionstyp bin ich?

Konstitutionstypen

leptosom *pyknisch/mediterran* *athletisch*

Die »reinen« Konstitutionstypen, wie sie hier geschildert werden, sind recht selten. Meist hat man von zwei Typen gleichzeitig etwas, und selbst eine Mischung aus allen drei Konstitutionen kann vorkommen. Zu welchem körperlichen Konstitutionstyp Sie am ehesten gehören, können Sie selbst herausfinden. Dieser Ratgeber hilft Ihnen dabei. Betrachten Sie Ihre Körperstatur hierfür im Spiegel. Auch wenn Sie sich nicht auf Anhieb eindeutig dem einen oder anderen Typ zuordnen können, lohnt es, sich darüber klar zu werden, zu welchem Typ Sie am stärksten tendieren; nur so kann man beizeiten einschätzen, was man von der Cellulite zu erwarten hat: Welche Stadien sie voraussichtlich durchläuft, und welche Körperpartien von ihr befallen werden können!

Um festzustellen, zu welchem Konstitutionstyp man am ehesten gehört, wird angekreuzt, welche Merkmale auf den eigenen Körperbau zutreffen, und die Punkteanzahl am Schluß zusammenaddiert.

Checkliste

Schultern: eher schmal (1); mittel (3); eher breit (5)

Brüste: eher flach und klein (1); normal (3); eher voll (5)

Brustkorb: schmal und flach (1); eher massig und gedrungen (3); eher stattlich (5)

Bauch: eher mager (1); eher mager mit leichtem Babybauch (2); eher füllig, eventuell beachtlicher Babybauch (3); eher straff und flach (5)

Rumpfform: Schultern genauso breit wie Hüfte (1); Hüfte breiter als Schulter (3); Schulter breiter als Hüfte (5)

Gesäß: eher flach (1); eher üppig (3); eher klein und fest (5)

Hände und Füße: lang, dünn, feingliedrig (1); eher klein und rundlich (3); eher derb, kräftig und grobknochig (5)

Haut: dünn, reißbar (1); gesund, kaum Falten (3); eher derb, Neigung zu Falten (5)

Addieren Sie nun die Punkte. Hier ist Ihr Ergebnis:

Auswertung:

8–12 Punkte Sie sind ein typischer leptosomer Konstitutionstyp. Cellulite wird für Sie kaum zum Problem werden. Wichtiger ist für Sie vielmehr die Hautpflege und die Unterstützung der Hautfunktionen durch kosmetische Präparate, nicht nur im Gesicht, sondern am ganzen Körper.

13–20 Punkte Sie sind ein Mischtyp. Die Cellulite zeigt sich bei Ihnen zwar nicht ganz so stark. Auf keinen Fall sollten Sie sie aber auf die leichte Schulter nehmen. Studieren Sie diesen Ratgeber aufmerksam, und versuchen Sie, seine Empfehlungen vor allem hinsichtlich des Gesundheitsvertrages, den Sie später kennenlernen werden (vgl. S. 105), zu befolgen. Bei Ihnen werden diese Ratschläge schnell zum Erfolg führen.

21–27 Punkte Wenn das Venussyndrom auf jemanden zutrifft, dann am ehesten auf Sie! Ihre wohlgeformten Proportionen sind Ausdruck großer Weiblichkeit. Diese ist leider auch der wichtigste Nährboden für Orangenhaut und Fettpölsterchen. Mit etwas Fleiß und Ausdauer sollte es Ihnen jedoch gelingen, die weitere Ausbreitung der Orangenhaut nicht nur zu stoppen, sondern sie auch zurückzubilden. Auch über die Fettpölsterchen können Sie mit einiger Disziplin siegen.

28–43 Punkte Achtung! Unterschätzen Sie den Ausbreitungsverlauf der Orangenhaut nicht. Was am Oberschenkel kaum merkbar beginnt, befällt nacheinander Hüfte, Bauch und selbst die Arme. Das sieht auf Dauer nicht nur unansehnlich aus, sondern gefährdet auch Ihre Gesundheit. Lesen Sie die nachfolgenden Seiten aufmerksam durch, und versuchen Sie, der Cellulite einen Strich durch die Rechnung zu machen.

44–50 Punkte Ihr Körpertyp hat alle Anlagen des derzeitigen Ideals. Nutzen Sie sie! Orangenhaut kann bei Ihnen ein Zeichen falscher oder mangelnder körperlicher Aktivität sein. Sie sollten deshalb durch ausreichend Sport, Bewegung oder Fitneß-Training nicht nur versuchen, Ihre Proportionen zu vervollkommnen, sondern auch, die Orangenhaut sicher in den Griff zu bekommen. Wie Sie das erreichen, können Sie weiter hinten nachlesen (vgl. S. 97ff.).

Das persönliche Cellulitogramm

Als nächstes sollte in der folgenden Tabelle eingetragen werden, welche Körperstellen bereits von Orangenhaut betroffen sind. Schreiben Sie das jeweilige Stadium dahinter, – also 1, 2 oder 3:

	Stadium 1	**Stadium 2**	**Stadium 3**
Datum			
Oberschenkel, außen			
Oberschenkel, innen			
Po			
Hüfte			
Bauchdecke			
Brüste			
Oberarm, außen			
Schultern			

Den Kneiftest kann man an den Armen beziehungsweise Schultern nur bedingt alleine durchführen. Bitten Sie jemanden, Ihnen dabei zu helfen.

Wenn Ihr Cellulitogramm »steht«, lesen Sie bitte weiter, und erfahren Sie, wie es unter der Haut im menschlichen Körper aussieht. Sie werden verstehen, wie Cellulite entsteht und was man tun muß, um eine weitere Ausbreitung zu verhindern und um sie wieder loszuwerden. Natürlich können Sie auch sofort Kapitel VIII. (vgl. S. 75 ff.) aufschlagen und später nachlesen, warum die Ratschläge gegen Orangenhaut, die Sie dort erhalten, so erfolgreich sind. Erstellen Sie im Abstand von jeweils vier Wochen ein weiteres Cellulitogramm, damit Sie sehen, ob Sie die Orangenhaut im Griff haben.

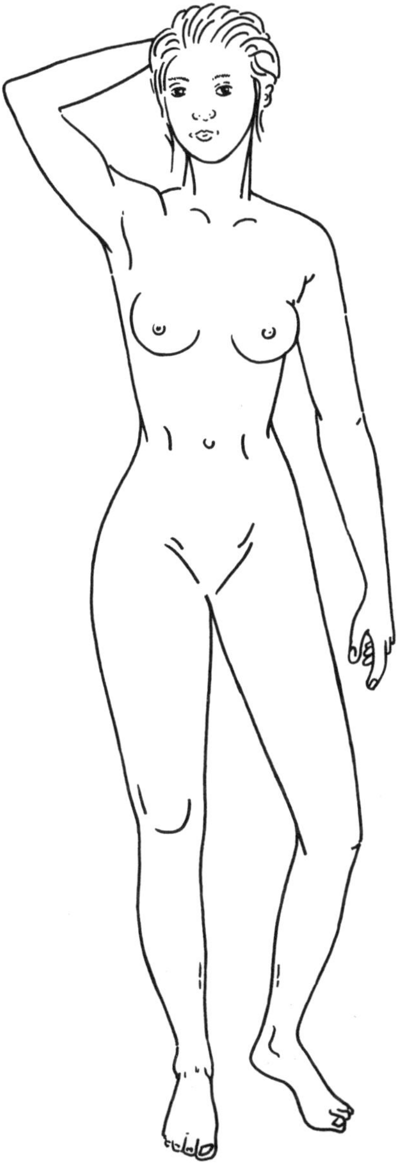

Markieren Sie hier, wie weit sich bei Ihnen die Cellulite schon ausgebreitet hat und in welchem Stadium sie sich jeweils befindet.

V. Unter der Haut

Bis jetzt haben Sie über die Cellulite folgendes gelernt: Immer mehr Menschen bekommen sie, auch immer mehr Männer. Der Erstbefall tritt in den letzten Jahren bei immer jüngeren Menschen ein. Sie hat einen typischen Ausbreitungsverlauf und durchläuft im allgemeinen drei Stadien. Nachdem das Cellulitogramm erstellt wurde und man weiß, wie weit sich die Cellulite bei einem selbst schon ausgebreitet hat, lädt dieses Kapitel auf eine Reise unter die Haut ein, um die Orangenhaut aus der Sicht des Organismus kennenzulernen. Die fundierte Kenntnis über die Entstehung der Orangenhaut macht die Vorbeugung und die Behandlung leichter.

Überall unter der Haut: Fettzellen

Bei Orangenhaut handelt es sich um aufgeblähte Fettzellen. Solche Fettzellen hat man fast überall zwischen der Haut und der Muskulatur; deshalb kann man Orangenhaut auch fast überall bekommen, wenn man sie nicht beizeiten stoppt. Die einzigen Ausnahmen sind die Handtellerflächen, die Fußsohlen und die Kopfhaut. Die Fettzellen dort sind »hungerfest« und haben in unserem Organismus andere Aufgaben als die übrigen Fettzellen. Nur dort können sie sich nicht aufblähen.

Wenn man einen Schnitt durch die Haut macht, sieht man, daß die Fettzellen eine eigene Schicht bilden, das sogenannte *subkutane Fettgewebe*. Dieses Fettgewebe ist für den Körper wichtig: Es schützt vor Kälte und Wärme; man braucht es als Speicher für Wasser und Nährstoffe; es hat nicht zuletzt auch eine stützende Funktion für das übrige Gewebe, für Organe, Muskulatur und Skelett, und es absorbiert Druck von außen.

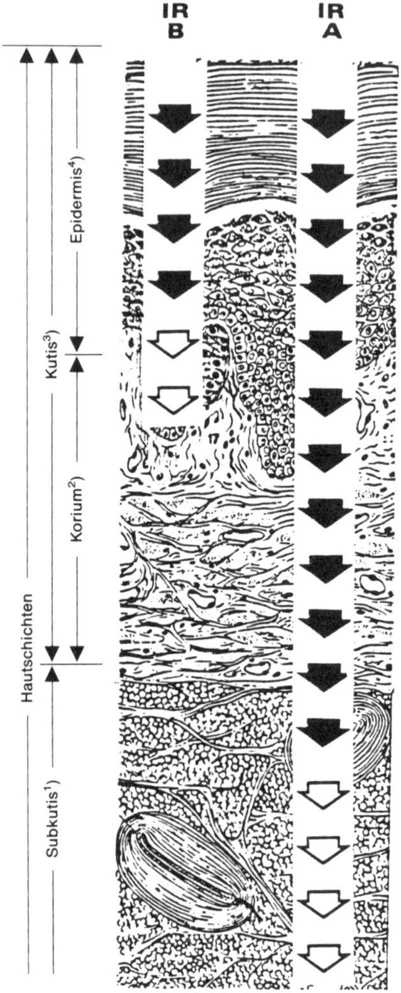

[1]) *Subkutis:* Unterhautzellgewebe, in dem sich fast ausschließlich das Fett der Haut befindet.
[2]) *Korium:* Lederhaut; 0,3 bis 2,4 mm dick; besteht aus der zarten Papillarschicht.
[3]) *Kutis:* die äußere Haut des menschlichen Körpers.
[4]) *Epidermis:* Oberhaut; mehrschichtige äußere Zellschicht der Haut.

Die unsichtbaren kurzwelligen Infra-Rot-A-Strahlen dringen besonders tief ins Fettgewebe ein. Sie erzeugen ein starkes Wärmegefühl, wodurch der Stoffwechsel aktiviert wird und Depotfette schnell verbrannt werden (vgl. a. S. 110ff.).

Im normalen Zustand sind diese Zellen etwa stecknadelkopfgroß; bei Cellulite erreichen sie jedoch spielend ein Zehnfaches ihrer natürlichen Maße und nehmen oft das Ausmaß von weißen Bohnen an!

Warum blähen sich die Zellen auf, und was ist es, was sie dazu bringt?

Diese Fragen kann man nur beantworten, wenn man weiß, was in den Zellen geschieht und wie der Stoffwechsel des Organismus funktioniert. Hierfür folgt ein kleiner Exkurs:

Der Stoffwechsel

»Der Mensch ist, was er ißt … und wie er ißt.« Diese Weisheit von Dr. Franz-Xaver Mayr, dem Vater der vor allem unter Heilpraktikern und naturheilkundlich orientierten Ärzten recht bekannten *Mayr-Kur*, ist zwar banal; doch denken wir einmal etwas genauer darüber nach: Essen und Trinken halten nicht nur Leib und Seele zusammen, sondern Essen und Trinken sind eine Voraussetzung für Leben schlechthin. Die Art und Weise, wie man ißt, wie der Körper die Nahrung aufnimmt und in Energie umwandelt, nennt man *Stoffwechsel.*

Der Stoffwechsel beginnt mit der Nahrungsaufnahme. Die Nahrung wird durch Beißen und Kauen mechanisch zerkleinert, sie wird eingespeichelt – wobei die Kohlenhydrate, die in der Nahrung enthalten sind, sogar schon zersetzt werden – und geschluckt. Schließlich gelangt sie portionsweise in den Magen. Ab hier spricht man schon von Verdauung.

Im Magen wird alles, was man gegessen und getrunken hat, mit Hilfe der Magensäure chemisch zersetzt. Das Ergebnis ist ein Nahrungsbrei, der als nächstes automatisch in den Dünndarm gepreßt wird. Im Dünndarm findet sodann eine genaue chemische Analyse des Nahrungsbreis statt: Was kann der Organismus brauchen – was braucht er nicht. Diese grundsätzliche Unterscheidung zwischen Brauchbarem und Unbrauchbarem ist die Unterscheidung zwischen Ballast- und Nährstoffen.

Ballaststoffe: als Energiespender uninteressant

Betrachtet man zunächst die Ballaststoffe, so sind diese für die Versorgung des Organismus mit lebenswichtiger Energie, Mineralien oder Vitaminen uninteressant. Sie können von den chemischen Werkzeugen des Organismus, den Hormonen und Enzymen, nicht bearbeitet werden. Dennoch sind Ballaststoffe ein wichtiger Bestandteil der Nahrung; sie werden vom Dünndarm aus weiter in den Dickdarm geschoben, wo ihnen das Wasser entzogen wird. Auf diese Weise »eingedickt«, werden sie schließlich abgesetzt.

Bei den *Ballaststoffen* handelt es sich meist um die Faserstoffe von pflanzlichen Lebensmitteln, etwa dem Schrot oder der Kleie des Korns. Von ihrer Struktur her sind diese Produkte oft sehr grob; sie scheuern an den Darmwänden und fördern so die Verdauung und das Ausscheiden abgelagerter oder verklebter Nahrungsreste. Vielfach kann man übrigens schon dann auf verdauungsfördernde Präparate verzichten, wenn man seinen Speiseplan mit ballaststoffreichen Nahrungsmitteln ergänzt. In Frage kommen hierfür sämtliche pflanzlichen Nahrungsmittel; man sollte sie möglichst roh verzehren.

Nach Aufnahme und Ausscheiden der Ballaststoffe ist ein wichtiger Teil des Stoffwechsels bereits erledigt. Im Kapitel über Ernährung kommen wir auf die bedeutende Rolle, die die Ballaststoffe in der Verdauung spielen, nochmals zurück (vgl. S. 81).

Nährstoffe

Während Hormone und Enzyme die Ballaststoffe nicht zersetzen können, werden die Nährstoffe des Nahrungsbreis im Dünndarm solange zerkleinert, bis sie in mikroskopisch kleiner Form vorliegen.

Erst wenn diese Arbeit abgeschlossen ist, werden die *Nährstoffe* dorthin transportiert, wo Energie benötigt wird: zu den Muskeln und ins Hautgewebe. Hierfür werden sie durch die Wand des Dünndarms hindurch vom Blut aufgenommen. Das Blut wiederum, das diese Stoffe aufnimmt, fließt nun über die Pfortader in die Leber, wo es entgiftet wird. Von dort strömt es in die rechte Herzhälfte, wird von der rechten Herzkammer in die Lunge gepumpt; dort tankt es Sauerstoff und wird dann über die linke Herzhälfte in den Körper befördert. Zusammen mit dem Sauerstoff treten Eiweiße und Fette, Kohlenhydrate, Vitamine und Mineralien, die als Nährstoffe für den Menschen in Frage kommen, ihre Reise in das Innere des Organismus an. Lediglich die Fette machen einen kleinen Umweg über die Organe.

Die Reise führt von den feinen Gefäßen, die die Nährstoffe im Dünndarm aufnehmen, in die großen Körperadern. Von dort aus geht es in bestimmte Körperregionen, zum Beispiel in die Oberschenkel. Dort »verlaufen« sich die Blutgefäße; sie werden immer kleiner und immer feiner. Hier werden allerdings nicht nur die arteriellen Adern selbst – man spricht jetzt von Arteriolen – immer kleiner und feiner, sondern auch deren Gefäßwände werden immer dünner. Diese hauchdünnen Wändchen halten bald dem Druck nicht mehr Stand, der im Gewebe herrscht. Er wirkt wie der Druck von einer Hand, mit der ein Schwamm ausgepreßt wird. Ein Teil der Nährstoffe und der Blutflüssigkeit tritt hier durch die Wände der Arteriolen hindurch nach »außen« in den Raum zwischen den Zellen. Dort allerdings besteht eine andere chemische Konzentration, und die »reizt« die Nährstoffe zusätzlich, aus den Arteriolen heraus ins Gewebe zu treten. Auf diese Weise verlassen circa 90% aller Nährstoffe die Blutgefäße.

Der Platz zwischen den Zellen ist natürlich nicht der Ort, wo die Energie erzeugt wird, die der Körper für seinen ordnungsgemäßen Betrieb braucht. Das Kraftwerk des Organismus sind vielmehr die Zellen selbst. Und dorthinein kommen die Nährstoffe nur, weil sie auf unterschiedliche chemische Konzentration oder Druck reagieren oder weil es andere Substanzen gibt, die die Nährstoffe durch die Zellwände hindurch in die Zelle hinein transportieren.

Die Verbrennung: Jede Zelle ist ein Kraftwerk

Aufgabe der Zelle ist es also unter anderem, die Energie zu erzeugen, die unser Organismus zum Aufrechterhalten seiner Köpertemperatur und für seine Muskelkraft braucht. Hier werden die Eiweiße, Fette und Kohlenhydrate »verheizt«. Das geht wiederum nicht ohne den Sauerstoff, den das Blut mitgebracht hat und den sich die feinen Blutgefäße zum Teil auch durch die Haut holen können.

Die sogenannte »Verbrennung« von Nährstoffen ist ein weiterer wichtiger Teil des gesamten Stoffwechsels – der erste Teil des sogenannten »Betriebsstoffwechsels«: die Versorgung. Im Kapitel über Ernährung wird nochmals darauf eingegangen (vgl. S. 78). Für das Verständnis der Cellulite reicht es, den Ablauf der Versorgung des Organismus zu kennen: Nahrungsaufnahme, Aufschlüsselung der Nahrung mit Hilfe von Enzymen in Mund, Magen und Dünndarm, Transport in den Körper über das Blut, Verbrennung und Energiegewinnung in den Zellen.

Die Entsorgung

Wer von Versorgung spricht, muß sich natürlich auch Gedanken über die Entsorgung machen. Die Entsorgung ist der zweite Teil des (Betriebs-)Stoffwechsels, sozusagen die andere Seite der Medaille. Denn wie bei jeder Verbrennung bleibt auch bei der Verbrennung von Nährstoffen »Asche« oder »Schlacke« übrig.

Die »Schlacke« des Stoffwechsels besteht aus zwei Substanzen: aus *Gas* und aus *festen Stoffen.* Im allgemeinen ist dabei die Entsorgung der kleinen Gasmoleküle kein Problem; der Sauerstoff, der in Kohlendioxyd umgewandelt wurde, wird vom zurückfließenden venösen Blut aufgenommen, zur Lunge transportiert und letztlich über Luftröhre, Mund oder Nase ausgeschieden. Fertig! Damit ist der Gas-Stoffwechsel komplett und abgeschlossen. Übrigens handelt es sich beim Kohlendioxyd um das gleiche Gas, das Mineralwasser zum Sprudeln und Bier zum Schäumen bringt.

Die Entsorgung von festen Stoffwechselschlacken, den umgewandelten und verbrannten Eiweißen, Fetten und Kohlenhydraten, ist allerdings etwas komplizierter. Sie sind zwar für den Energiehaushalt unbrauchbar geworden, doch selbst ihre kleinsten Bausteinchen, die Moleküle, sind noch unverhältnismäßig groß. Wegen dieser Größe können sie erst gar nicht von den Venen aufgenommen werden; es würde bedeuten, einen Elefanten durch ein Schlüsselloch zu ziehen. Außerdem enthalten die »Stoffwechselrestprodukte« zum Teil noch Mineralien und Spurenelemente, die für den Organismus höchst interessant sind.

Doch auf welchem Weg werden die Schlackestoffe aus den Zellen abtransportiert?
Für die »Müllabfuhr« und für die Wiederaufbereitung der festen Stoffwechselrestprodukte hat der Organismus ein eigenes Entsorgungssystem. Dieses System ist das sogenannte *Lymphsystem.* Nur hieraus läßt sich die Cellulite beschreiben und begreifen; sie ist ein Phänomen mangelnder Entsorgung von Stoffwechselrestprodukten, die sich in den Fettzellen abgelagert haben und diese über Gebühr zum Aufblähen brachten.

Die Orangenhaut ist also ein Stoffwechselproblem – genauer gesagt: ein Entsorgungsproblem! Die Zellen sind zum Müllabladeplatz für verbrannte Nährstoffe geworden. Um wirksame Strategien zu entwickeln, mit denen man der Cellulite entgegenwirken kann, ist es unerläßlich, sich nicht nur mit dem Versorgungssystem des Organismus auseinanderzusetzen, sondern auch mit dessen Entsorgungssystem, dem Lymphsystem. Zwar schläft das Lymphsystem aus schulmedizinischer Sicht im Unterschied zum Blutkreislauf immer noch einen »Dornröschenschlaf«, doch werden die Aufgabe und Funktion der Lymphgefäße vor allem in Deutschland mehr und mehr beachtet und erforscht. Deshalb kommt hier ein weiterer Exkurs:

Das Lymphsystem

Zwischen der Versorgung des Organismus über den Blutkreislauf und der Entsorgung über das Lymphsystem gibt es mindestens drei Unterschiede. Den ersten haben Sie bereits kennengelernt: Vom *Blutkreislauf* mit seinem Herz, den Arterien und Venen und seinen Krankheiten vom Herzinfarkt bis zur Thrombose spricht jeder; das *Lymphsystem* kennt kaum jemand. Zum zweiten handelt es sich beim Lymphsystem nicht um einen Kreislauf, sondern um ein System von Einbahnstraßen. Und drittens hat das Lymphsystem im Unterschied zum Blutkreislauf kein Herz, keinen Motor und keinen eigenen Muskel, der es antreibt. Ansonsten ähneln sich Lymph- und Blutgefäße sehr – vor allem Lymphkanäle und Venen.

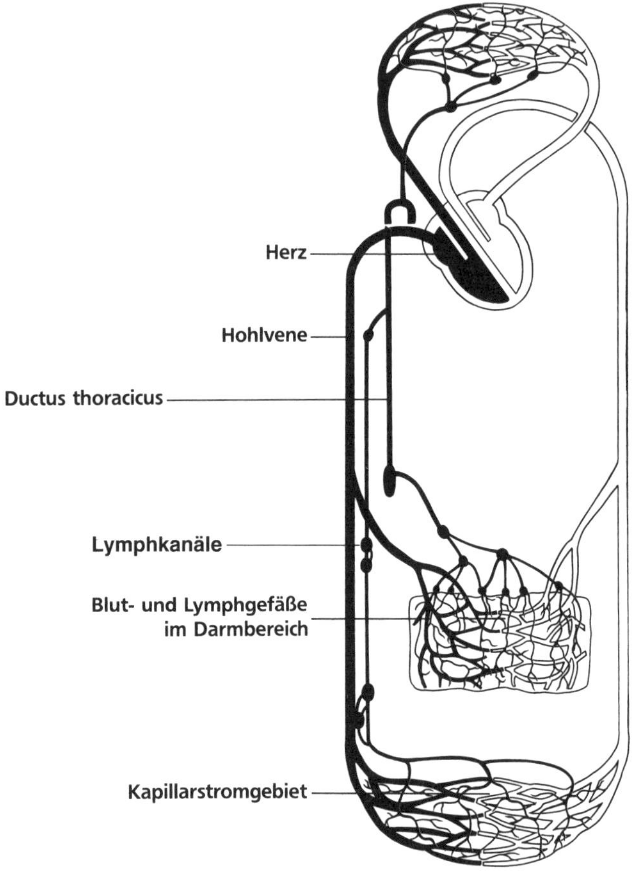

Schematische Darstellung von Blutkreislauf und Lymphsystem: Über die Lymphkanäle werden die Schlackestoffe aus dem Körper abtransportiert.

Aufgabe der *Lymphgefäße* ist es, Flüssigkeit und Stoffwechselrestprodukte aus den Extremitäten in den Rumpf zurückzupumpen. Diese Aufgabe wird vor allem hinsichtlich der Rückfuhr von Flüssigkeit auch von den Venen geleistet. Doch daß die Venen überwiegend Gas transportieren und die Lymphe überwiegend die festen Stoffe, hat seinen Grund: Erstens würde der feste »Müll« mit dem venösen Blut in die Lunge zurücktransportiert werden und dort möglicherweise Schaden anrichten; zweitens werden in den Lymphgefäßen – oder genauer: in den Lymphknoten – die Schlacken nochmals aufgearbeitet. Modern ausgedrückt ist das Lymphsystem ein Recycling-System.

Der Auftrag des Lymphsystems geht dabei über Entsorgung und Recycling hinaus. Die Lymphe sorgt auch für »Recht und Ordnung« im Organismus: Sie filtert Fremdkörper im Gewebe und fängt Zelltrümmer ab; sie vernichtet auch Krankheitserreger, damit der Mensch möglichst gesund bleibt, und in den Lymphknoten werden auch die weißen Blutkörperchen, die Lymphozyten, produziert. Damit ist die Lymphe, das »weiße Blut«, also »Müllabfuhr« und »Gesundheitspolizei« zugleich.

Es gibt noch eine weitere Gemeinsamkeit zwischen venösem und lympathischem System; diese Gemeinsamkeit ist für das Verständnis der Cellulite besonders wichtig: Beide Systeme funktionieren nur dann einwandfrei, wenn man sich ausreichend bewegt!

Bewegung lebensnotwendig!

Betrachtet man zunächst das venöse System etwas genauer, kann man eine erstaunliche Entdeckung machen: Als aufrecht gehendes Wesen ist der moderne Mensch, der homo sapiens, eine Fehlkonstruktion der Natur! Das Herz sitzt in unserem Körper an der verkehrten Stelle. Der Druck, den das Herz mit jedem Schlag erzeugt, reicht zwar aus, um das Blut in den Körper hineinzupumpen; so gelangt sauerstoff- und nährstoffreiches Blut selbst in die entlegensten Areale des Organismus. Der Blutdruck, den das Herz erzeugt, ist aber nicht stark genug, um das »verbrauchte« Blut aus den Extremitäten wieder zurückzupumpen. Vor allem Füße und Waden sind für den Rückfluß vom Herzen viel zu weit entfernt.

Deshalb sind die Venen mit kleinen Ventilen ausgestattet, den sogenannten *Venenklappen.* Sie lassen das Blut nur in eine Richtung passieren, nämlich zum Rumpf hin. Das Wichtigste dabei ist: Die Venenklappen reagieren auf Druck, und zwar auf den Druck, den die Muskeln erzeugen, wenn man sich bewegt. Bei jeder Muskelbetätigung spannen sich Muskeln an und entspannen sich wieder; sie ziehen sich zusammen, dehnen sich dabei aus und strecken sich wieder. Bei jeder Bewegung drükken die Muskeln so gegen die Gefäße, die venösen Blut- und Lymphgefäße.

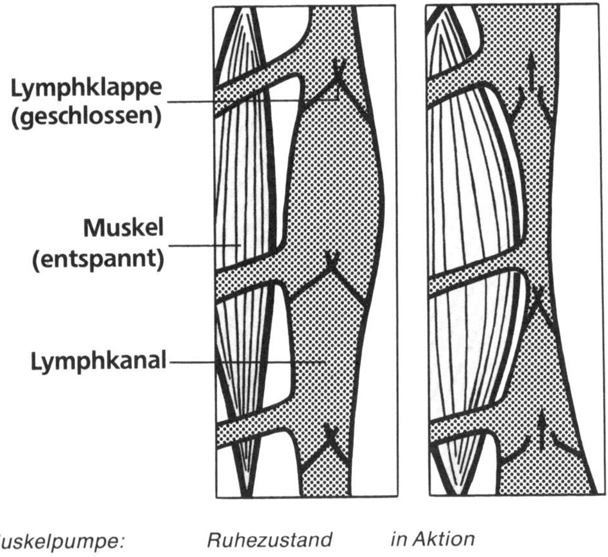

Muskelpumpe: Ruhezustand in Aktion

Das ist der Antrieb, den unser Blutgefäßsystem neben dem Herzschlag so dringend benötigt! Bei jeder Bewegung wird Blut, das in der Kammer zwischen zwei Ventilen steht, durch das nächste Ventil in die nächste Kammer gepreßt. Die Energie dafür liefert der Muskel. Man spricht deshalb von der »Pumpwirkung« des Muskels oder von der »Muskelpumpe«.

Das Herz in den Beinen

Weil dieser Effekt gerade für die Beine so besonders wichtig ist, kommt der Wadenmuskulatur eine besondere Bedeutung zu. Sie ist neben der Sohlenmuskelpumpe und Sprunggelenkpumpe die wichtigste aller Muskelpumpen. Von ihr, der *Wadenpumpe*, spricht man deshalb auch gerne als »zweites Herz«.

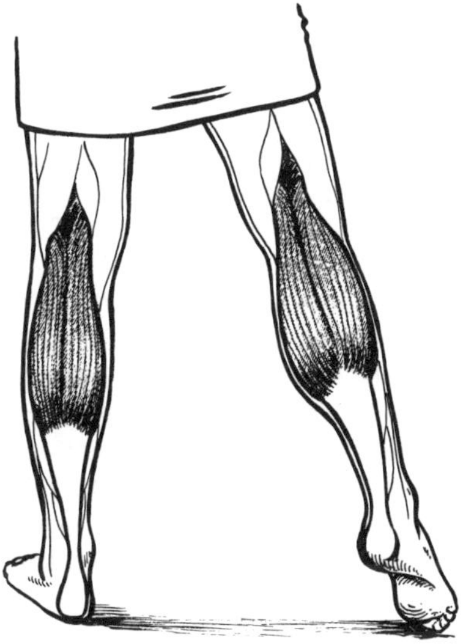

Wadenpumpe: »Das Herz in den Beinen«

Nur allzu selbstverständlich sind die Folgen, die sich einstellen, wenn das »zweite Herz« nicht richtig arbeitet oder arbeiten kann. Das ist der Fall, wenn man sich zu wenig bewegt oder wenn man ständig Schuhe mit hohen Absätzen trägt und die Wadenmuskulatur dauernd angespannt ist. Dann wird zu wenig »gepumpt«. Das venöse Blut wird nicht ausreichend abtransportiert, und auf Dauer bilden sich Stauungen und Krampfadern. Lernen Sie in diesem Zusammenhang die einfache Übung »Wippen«, die im Kapitel über vorbeugende Maßnahmen gegen Orangenhaut beschrieben ist (vgl. S. 88)! Für alle, die täglich acht Stunden hinter dem Schreibtisch sitzen oder ständig stehen, ist diese Übung ein Muß!

Warum Frösche keine Cellulite haben!

Zurück zum Lymphsystem. Sein Antrieb funktioniert genauso wie der des venösen Systems. Auch hat das Lymphsystem – wie gesagt – weder Herz noch Motor, der die Lymphflüssigkeit durch die Gefäße pumpt; Lymphherzen haben von allen Wirbeltieren nur die Frösche. Deshalb brauchen sich Frösche also keine Sorgen um die Entsorgung ihres Organismus zu machen; der Rücktransport von Schlackestoffen aus dem Gewebe funktioniert bei ihnen genauso selbstverständlich wie beim Menschen der Blutkreislauf. Im Anschluß an dieses Kapitel werden Sie wissen, daß hierin der Grund für die Tatsache liegt, daß Froschschenkel immer besonders zart sind.

Lymphgefäße befinden sich überall im Körper. Die Lymphkanäle beginnen als feine Kapillare überall im Gewebe. Sie saugen Schlacke- und Giftstoffe, aber auch Gewebeflüssigkeit aus dem Raum zwischen den Zellen auf. Ein Kanal ergießt sich in den anderen und allmählich bilden sich so immer ansehnlichere Lymphstränge. Auf ihrem Weg passieren die Lymphkanäle regionale Lymphknoten, in denen bestimmte Enzyme die Schlackestoffe mehr und mehr zerkleinern. Im Bereich der Leisten befinden sich besonders leistungsfähige Lymphknoten. Sie müssen passiert werden, bevor die Lymphkanäle in den Rumpf münden.

Danach werden die zersetzten Stoffwechselschlacken zu den Filterorganen Milz, Leber und Nieren gebracht und ein letztes Mal aufgearbeitet, bevor sie endgültig zersetzt und umgewandelt ausgeschieden werden.

Der Weg, auf dem die festen Schlackestoffe das Zellgewebe der Haut verlassen und zu den Filterorganen gelangen, ist also das *lymphatische System.* Für die Erklärung und für die Behandlung der Cellulite wird man nicht daran vorbeikommen, dieses Entsorgungssystem des Organismus zu berücksichtigen. Insbesondere muß der Antrieb des lymphatischen Systems thematisiert werden, die physiologische Muskelpumpe. Es wurde ja bereits erwähnt, daß auch die Lymphkanäle genauso wie die Venen auf den Druck reagieren, den sie von der Muskulatur bei jeder Bewegung erhalten. Ebenso wie die Venen wird auch in den Lymphgefäßen die Flüssigkeit von Ventil zu Ventil beziehungs-

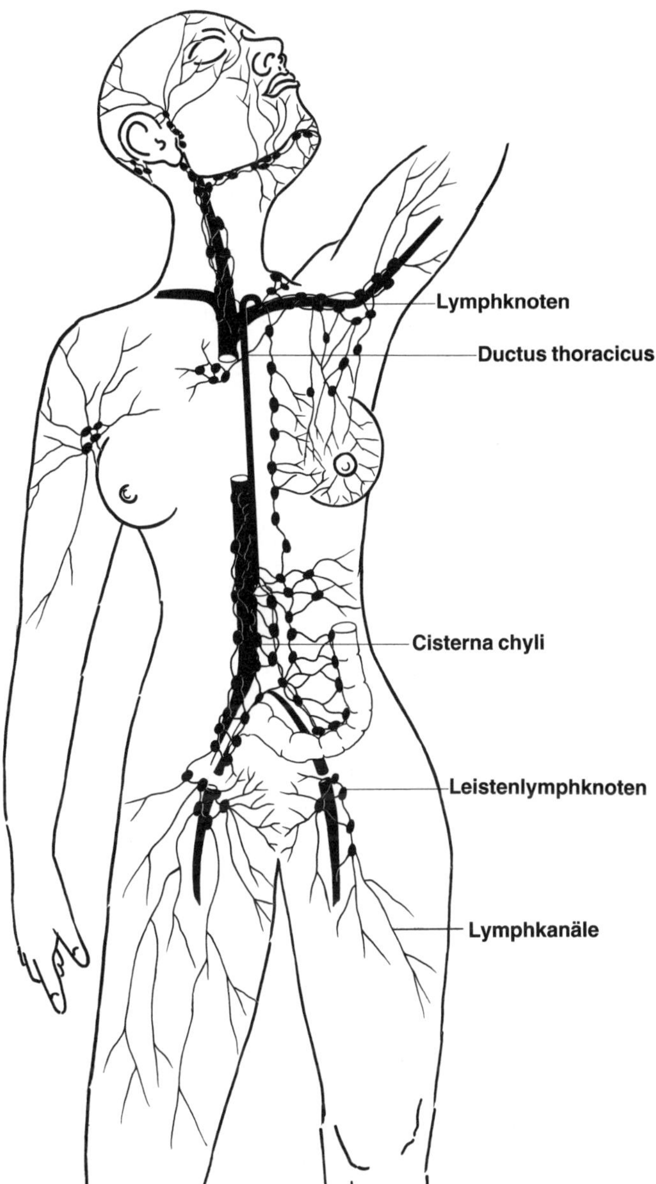

Das Lymphsystem

weise von Kammer zu Kammer hochgepumpt, wenn die Muskeln von außen die feinen Wände zusammendrücken. Kein eigenes Herz und kein Motor ist also Antrieb des Lymphsystems, sondern einzig die Muskelpumpe!

Die Bedeutung der physiologischen Muskelpumpe für den Entsorgungsteil des Stoffwechsel und für die Cellulite kann man auch folgendermaßen beschreiben: Im Fall von Orangenhaut funktioniert die Entsorgung unzureichend und fehlerhaft; es sind mehr Schlackestoffe vorhanden, als mit Hilfe der Muskelpumpe abgepumpt werden können! Stellt sich die Frage nach den Ursachen ...!

VI. Gründe für Orangenhaut

Im folgenden wollen wir aufzeigen, welche Ursachen Cellulite haben kann.

1. Zuviel Essen oder zuwenig Bewegung?

Nahrungsaufnahme und Energiebedarf im Mißverhältnis!

Einer der meistgenannten Gründe für das Cellulite-Problem ist lapidar: Überernährung! Man hat mehr Nährstoffe verbrannt und in Stoffwechselrestprodukte umgewandelt, als der Körper entsorgen kann. Diese Stoffwechselschlacken verbleiben in den Zellen; die Zellen blähen sich auf, und es kommt zu den bekannten Symptomen. Wie konnte das geschehen? Haben diejenigen recht, die sagen, Orangenhaut sei das Ergebnis von Zuviel-Essen?

Tatsächlich gibt es die Meinung, daß Übergewicht die Voraussetzung für Cellulite sei: Wo kein Übergewicht – da keine Orangenhaut! Diese These wird sehr gerne von denjenigen benutzt, die professionell mit Cellulite zu tun haben; allzuoft wird sie nämlich als einfache Begründung dafür herangezogen, daß teure Behandlungsmethoden oder Präparate nicht den versprochenen Erfolg gebracht haben! Damit wird der schwarze Peter an den Kunden oder Patienten zurückgegeben: »Sie haben nicht ausreichend diätet . . .!

Cellulite und Fettpölsterchen: wichtige Unterschiede

Den Beweis dafür, daß Cellulite tatsächlich nicht nur eine Sache des Gewichts ist, treten jedoch all diejenigen Frauen an, die Idealgewicht haben oder sogar untergewichtig sind und dennoch unter Orangenhaut leiden. Solche Frauen gibt es viele.

Natürlich darf man Orangenhaut nicht losgelöst von der Nahrungsaufnahme betrachten. Aber Orangenhaut ist auf keinen Fall n u r eine Frage von Essen und Trinken.

Im Falle des Übergewichts hat man es übrigens selten mit einer reinen Orangenhaut zu tun. Die Fettzellen sind dann nämlich nicht nur mit Schlackestoffen, sondern auch mit sogenannten Depotfetten gefüllt. Unter *Depotfetten* versteht man noch-nicht-verbrannte Nährstoffe, »Fettpölsterchen«. Diesem Phänomen ist am Ende dieses Buches ein eigenes Kapitel gewidmet (vgl. S. 123 ff.). Dort sollte jeder nachlesen, der sich unsicher ist, ob er es bei sich mit Cellulite oder mit einer Kombination von Cellulite mit Fettpölsterchen zu tun hat.

Mangelnde Bewegung

Betrachtet man das Problem der Ernährung von einer anderen Seite, präsentiert sich eine weitere häufig genannte Erklärung für das Entstehen der Cellulite: mangelnde Bewegung! Auf dem Hintergrund der physiologischen Erkenntnisse wird hier gesagt: Obwohl man nicht unbedingt zuviel gegessen hat, hat man dennoch mehr Schlackestoffe produziert, als man tatsächlich abtransportieren kann. Bei dieser Erklärung liegt der Grund für die Orangenhaut also nicht mehr in der Ernährung allein, sondern vor allem auch in der unzureichenden Bewegung des Körpers. »Was uns fehlt, ist mehr Bewegung, Sport und Spezialgymnastik«, heißt es ...

Natürlich muß man sich bewegen, um seinen Stoffwechsel in Schwung zu halten, und selbstverständlich ist die mangelnde oder unnatürliche Bewegung eine wichtige Ursache für Cellulite und für manches andere Beinleiden. Aber Bewegung reicht selbst in Form von Spezialgymnastik nicht immer aus, um die

Orangenhaut wieder loszuwerden, obwohl die Lobby derjenigen, die mit Sport und Fitneß Geschäfte machen, anders argumentiert. Was wäre sonst mit all den Frauen, die sehr regelmäßig Gymnastik machen und dennoch Orangenhaut haben! Wie will man erklären, daß selbst manche Profi-Bodybuilderin, die täglich mehrere Stunden hart trainiert, ihre Orangenhaut nicht zurückbilden kann!

Tatsächlich läßt sich unserer Erfahrung nach Cellulite ab dem zweiten Stadium durch Gymnastik oder ein wie auch immer ausgestaltetes »Anti-Cellulite-Bewegungs-Programm« nicht wesentlich verbessern. Auf die Bedeutung solchen Trainings zur Vorbeugung vor Orangenhaut, als Beitrag zur Konservierung eines optimalen Behandlungsergebnisses und als generelle Voraussetzung für gute Gesundheit kann man jedoch nicht oft genug hinweisen!

2. Vererbung

Die Unsicherheit über die Ursachen der Orangenhaut und über die ausbleibenden Therapie-Erfolge haben bekanntlich zu allerhand Spekulationen geführt. Die Regenbogenpresse ist voll davon. Da heißt es zuweilen sogar, Orangenhaut sei angeboren. Wie bequem!

Tatsächlich zeigt das Gewebe des Säuglings an Oberschenkel und Gesäß sämtliche Symptome von Orangenhaut: Wird das Gewebe gestaucht, hat man beim Säugling optisch die gleichen Furchen und Dellen wie bei einer »richtigen« Cellulite.

Aber hat das Neugeborene tatsächlich schon Schlackestoffe abgelagert?
Die Erklärung für dieses Phänomen liegt woanders. Es sind keine Schlackestoffe, die der Säugling in seinem Gewebe eingelagert hat, sondern *Nährstoff-Depots.* Die Möglichkeit hierfür ist ihm von Natur aus gegeben: Schon im Mutterleib werden Reserven aus dem Grund angelegt, daß der Säugling auch dann noch eine Weile davon zehren kann, wenn der Mutter während der Geburt etwas zustößt oder das Neugeborene aus einem

anderen Grund von der Nahrungsversorgung abgeschnitten wird. Daß dieser Grund in der heutigen Zeit durch die Vorsorge im Sozialverbund unserer Gesellschaft und durch die moderne Medizin hinfällig geworden ist, zeigt nur, wie langsam wir Menschen unseren Organismus an veränderte Lebensbedingungen anpassen. Die »Speckpölsterchen« des Säuglings haben auf jeden Fall nichts mit der Orangenhaut zu tun, um die es in diesem Buch geht. Sie verschwinden im Laufe des ersten Lebensjahres, ohne daß man sie einer Therapie unterziehen müßte.

Nicht die Orangenhaut wird vererbt, sondern der Konstitutionstyp

Unter »angeboren« versteht man oft auch »vererbt«. Und es gibt immer wieder Fürsprecher für die Theorie, Orangenhaut sei von der Großmutter auf die Mutter und von der Mutter auf die Tochter »vererbt«. Stellt man dann Mutter und Tochter nebeneinander, lassen sich manchmal tatsächlich auffallend gleiche Proportionen feststellen. Aber in Wirklichkeit ist hier nicht die Orangenhaut vererbt, sondern das Fettverteilungsmuster und der Konstitutionstyp. Ob die Fettzellen sich mit fortschreitendem Lebensalter aufblähen werden oder nicht, ist zum Zeitpunkt der Geburt noch unbestimmt. Somit wird in bezug auf die Cellulite also bestenfalls eine gewisse Wahrscheinlichkeit vererbt, Orangenhaut zu bekommen, beziehungsweise einen bestimmten Ausbreitungsverlauf. Lediglich wenn eine massive *Bindegewebsschwäche* vererbt wird, ist auch das Risiko sehr hoch, daß sich mit der Bindegewebsschwäche auch die Fettzellen aufblähen. Doch wiederum ist es nicht die Orangenhaut selbst, die vererbt wird, sondern eine ihrer Voraussetzungen: das schlaffe Bindegewebe.

3. Schlaffes Bindegewebe

Bei dem Versuch, die Cellulite physiologisch richtig zu erklären, kommt man an der Muskelpumpe nicht vorbei. Schließlich liefert sie die Energie für den Abtransport der Stoffwechselschlacken. Wer sich zuwenig, einseitig oder falsch bewegt, pumpt dementsprechend zuwenig Lymphe aus seinen Extremitäten. Das hat zum Ergebnis, daß die Zellen verschlacken und sich aufblähen können.

Aber das ist nur eine mögliche Erklärung für die Orangenhaut. Daneben kann es auch passieren, daß die Muskelpumpe aus einem anderen Grund nicht richtig funktioniert; das ist dann der Fall, wenn trotz ausreichender körperlicher Bewegung nicht genügend Druck gegen die Gefäße ausgeübt wird. Hier stimmt etwas nicht im Organismus; das Entsorgungssystem hat keinen ausreichenden Antrieb mehr.

Diese wohl häufigste Ursache für die Cellulite hat etwas mit der Stabilität des Bindegewebes zu tun. Zwischen Bindegewebe und Muskelpumpe gibt es nämlich einen leider noch zu sehr vernachlässigten Zusammenhang. Um dem Phänomen auf die Spur zu kommen, stellen wir zunächst die Frage: Wie funktioniert die Muskelpumpe überhaupt?

Was ist eigentlich dieses physikalische Medium »Druck«, das wir mit den Muskeln erzeugen und das der Antrieb unseres Entsorgungssystems ist?

Die Muskeln erzeugen *Druck,* wenn sie angespannt werden. Dabei dehnen sie sich bekanntlich, was man fühlen und gut sehen kann. Die Tatsache, daß die Muskeln auch Druck auf unsere Gefäße ausüben, ist an besimmte Voraussetzungen geknüpft. Denn was hindert die Muskeln daran, durch die Haut hindurch von Armen oder Beinen wegzuspringen, wenn sie angespannt werden?!

Druck wählt immer den Weg des geringsten Widerstandes, und die Tatsache, daß die Muskeln überhaupt Druck nach innen, zum Skelett hin, entfalten, verdanken wir dem Bindegewebe. Ein intaktes Bindegewebe ist eine wichtige Voraussetzung dafür, daß die Entsorgung des Stoffwechsels in der Weise funktioniert, wie sie von der Natur vorgeschrieben ist. Da dies jedoch nicht immer der Fall ist, verdient auch das Bindegewebe unsere besondere Aufmerksamkeit:

Unentbehrlich für die Muskelpumpe: das Bindegewebe

Die Aufgabe des Bindegewebes ist keine andere, als das zu tun, was sein Name sagt: zu binden! Es bindet Haut und Muskulatur zusammen und sorgt dafür, daß die oberen Hautschichten mit ihren Hautanhangsgebilden, den Talgdrüsen und Haarwurzeln, an ihrem Platz bleiben. Gleichzeitig umspannt das Bindegewebe der Haut die Fettzellen und hält auch sie fest zusammen. Schließlich absorbiert ein intaktes Bindegewebe auch sehr gut Druck von außen, der auf die Haut ausgeübt wird; es verteilt den Druck so, daß er die Haut möglichst nicht durchdringt und verletzt.

Auf der anderen Seite hält das Bindegewebe auch dem Druck der Muskeln, dem Druck von innen, optimal stand. Das Bindegewebe wirkt wie ein fester Verband oder eine Kompressionsbandage. Bis zu einem gewissen Punkt gibt das Gewebe zwar nach, wenn man die Muskeln anspannt. Die Elastizität des Gewebes ist dabei genau auf das venöse und das lymphatische System abgestimmt. So sorgt das Bindegewebe dafür, daß die Muskeln stets mit der richtigen Kraft gegen Lymphgefäße und Venen pumpen – nicht zuviel und nicht zuwenig.

Bei einem erschlafften, defekten Bindegewebe ist das allerdings immer weniger der Fall. Hat das Bindegewebe aus Gründen, die anschließend besprochen werden, seine Spannkraft erst einmal verloren, so fehlt den Muskeln der natürliche Gegendruck. Der Muskeldruck »verpufft« dann durch die Haut, anstatt gegen die Venen und Lymphstränge zu drücken und deren Flüssigkeiten von Ventil zu Ventil durch die Kanäle zu pressen.

Das Bindegewebe muß dem Druck der Muskeln standhalten

Zusammenfassend kann man die Orangenhaut also folgendermaßen erklären:

> Bei Orangenhaut handelt es sich um nicht abtransportierte Stoffwechselschlacken; Stoffwechselschlacken sind lymphpflichtig und müssen über die Lymphkanäle abtransportiert

und ausgeschieden werden; Lymphe fließt von Natur aus aber nicht von selbst, sondern nur dann, wenn man sich bewegt und die Muskelpumpe arbeitet; die Muskelpumpe kann dabei nur dann richtig arbeiten, wenn sie den Gegendruck eines intakten Bindegewebes hat; ist das Bindegewebe erschlafft, kann man sich noch soviel bewegen: ein nicht geringer Teil des Muskelpumpendrucks verpufft durch die Haut, und Schlackestoffen bleiben im Gewebe und »versumpfen«.

Nun stellt sich natürlich die Frage, wie es dazu kommen kann, daß das Bindegewebe im Laufe der Zeit seine Spannkraft verliert. Und wie kommt es dazu, daß scheinbar immer mehr Menschen unter einem schlaffen Bindegewebe leiden und immer mehr Menschen Orangenhaut bekommen? Weil das Bindegewebe eine so wichtige Rolle spielt, ist ihm hier ein weiterer Exkurs gewidmet.

Das Bindegewebe der Haut

Bindegewebe hat man beinahe überall im Organismus. Man unterscheidet zwischen dem Bindegewebe der Muskeln und der Nervenfasern, dem Bindegewebe der Gefäße, Organe und der Knochenhaut und dem Bindegewebe der Haut beziehungsweise des Unterhautgewebes. Für die Cellulite interessiert nur letzteres, das Bindegewebe der Haut. Im Unterschied zu den anderen Bindegeweben ist das sogenannte »kollagene« Bindegewebe der Unterhaut das am meisten zitierte und bekannte. Es ist für die Spannkraft und Kompressionswirkung der Haut zuständig und auch vom kosmetischen Standpunkt her von allergrößtem Interesse.

Das Bindegewebe besteht aus einem netzartigen Geflecht von Eiweißsträngen, hauptsächlich aus dem sogenannten Kollagen und Elastin. Deren Aufgabe ist durch ihre Namen trefflich bezeichnet: *»Kolla«* = griechisch und heißt »Leim«; *»gen«* heißt soviel wie »hervorbringend«. Der Name *»Elastin«* erklärt sich beinahe von selbst, – denken Sie an »elastisch«!

Die *Kollagen-* und *Elastin-Fasern* werden in den Zellen beziehungsweise in den Zwischenräumen des Bindegewebes gebildet. Die Kollagen-Fasern sind recht straff und weniger dehnbar. Die Elastin-Fasern hingegen sind eher gummi-elastisch. Zusammen bilden Kollagen und Elastin ein engmaschiges Netz zwischen Muskel- und Fettgewebe und der Haut.

Kollagen und Elastin bilden sich ständig neu. Mit zunehmenden Alter nimmt die Produktion jedoch etwas ab. Das führt zu einem natürlichen Verschleiß des Bindegewebes, zu Faltenbildung und zu einem Verlust der Stabilität und Spannkraft der Haut.

Um diesem Alterungsprozeß zu verzögern, gibt es zahlreiche kosmetische Präparate, in denen Kollagen und Elastin enthalten sind. Sie sollen die Haut straff und geschmeidig machen. Diese Produkte werden jedoch überwiegend im Gesichts- und Décolletébereich eingesetzt und weniger gegen die desolate »Bindegewebsschwäche« an den Extremitäten; ihre Moleküle können die oberen Hautschichten nicht durchdringen, besitzen jedoch eine erstaunlich gute Fähigkeit, Feuchtigkeit zu binden, was sich kosmetisch immer sehr vorteilhaft auswirkt.

Verschleiß mit zunehmendem Alter

Von der natürlichen Alterung des Bindegewebes sind Männer und Frauen gleichermaßen betroffen. Auch Männer bekommen Falten, und im Zuge eines immer ausgeprägteren Bewußtseins für die Attraktivität des eigenen Körpers versuchen auch immer mehr Männer, ihre Haut zumindest im Gesicht mit hochwertigen kosmetischen Präparaten, die Kollagen und Elastin enthalten, geschmeidig zu halten.

Die Alterung ist jedoch nur ein Grund für das Erschlaffen des Bindegewebes. Neben diesem natürlichen Verschleiß stellt man noch einen zusätzlichen Verlust der Spannkraft fest, – vornehmlich bei Frauen. Als Grund hierfür vermutete man lange Zeit, daß Frauen von Geburt an ein anderes, nämlich schlafferes, Bindegewebe als Männer hätten. Die Annahme des »anderen« Bindegewebes hält sich besonders in der Kosmetik. Hier wird sogar zwischen dem »quergestreiften« männlichen und dem »längsgestreiften« weiblichen Bindegewebe unterschieden.

Tatsächlich sind wir Menschen jedoch von Geburt an mit einem gleichartigen Bindegewebe ausgestattet. Die Haut eines fünfjährigen Jungen und die eines fünfjährigen Mädchens ist in bezug auf das Bindegewebe weitgehend identisch. Unterschiede, die von Geburt an bestehen, existieren wie schon beschrieben bestenfalls in den Fettverteilungsmustern, aber nicht im Bindegewebe; und selbst hier sind die Unterschiede weniger geschlechtsspezifisch als vielmehr vom Konstitutionstyp abhängig.

Männliches und weibliches Bindegewebe?

Die Gleichartigkeit von männlichem und weiblichem Bindegewebe ändert sich jedoch mit der Pubertät, wenn die Voraussetzungen für die Fortpflanzung geschaffen werden. Sie findet meist zwischen dem zehnten und 15. Lebensjahr statt und wird von Hormonen gesteuert, die bei Frauen in den Eierstöcken und in den Nebennierenrinden verstärkt gebildet werden.

Bei den weiblichen Hormonen handelt es sich im wesentlichen um das *Östrogen* und das *Progesteron.* Der Begriff Östrogen stammt aus dem lateinischen Wort *»oestrus«* = »die Brunst«. Er drückt aus, daß es sich um einen Stoff handelt, der Geschlechtsreife, die Brunst, erzeugt. Es bewirkt den Eisprung, leitet die erste Regelblutung ein und bereitet den weiblichen Organismus auf eine mögliche Schwangerschaft vor. Daneben stimulieren die Östrogene auch die Knochenreifung und hemmen die Talgdrüsenfunktion.

Gegenüber dem Östrogen wird das Progesteron etwas später aktiv. Der Name Progesteron enthält das lateinische *»gestatio«* = »die Schwangerschaft«. Es leistet dem Östrogen bei sämtlichen biologischen Prozessen wichtige Hilfen. So ist Progesteron beinahe überall beteiligt, wo im weiblichen Organismus die Voraussetzungen zur Fortpflanzung und zu einer möglichen Schwangerschaft geschaffen werden. Eine von vielen Voraussetzungen, die der weibliche Körper dabei zu erfüllen hat, ist die Vorbereitung des Gewebes der Bauchdecke: Der Bauch muß

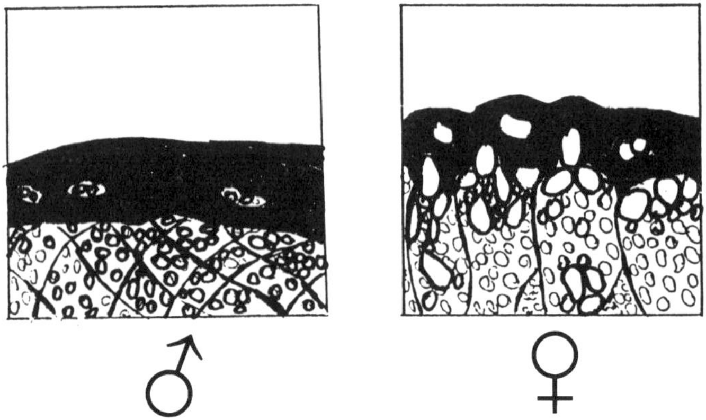

Vereinfachter Querschnitt durch die Haut: Das männliche Bindegewebe (links) hält die Fettzellen dicht beieinander. Ein Aufblähen wie beim weiblichen Bindegewebe ist nicht möglich.

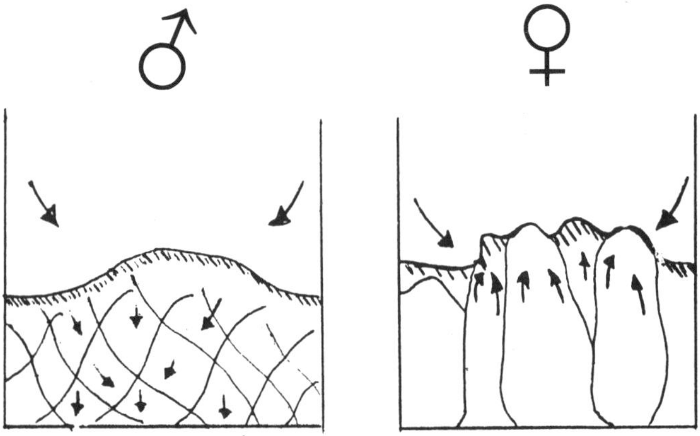

Männliches und weibliches Bindegewebe der Haut: Wird von außen Druck ausgeübt, zum Beispiel beim Kneiftest, kann das engvernetzte männliche Gewebe diesen Druck absorbieren und gleichmäßig verteilen. Das »lockere« weibliche Bindegewebe erlaubt dagegen, daß man unter die Fettzellen greifen kann, um sie gut sichtbar nach außen zu pressen.

sich ja vor allem in den letzten Monaten der Schwangerschaft enorm weiten! Das ist jedoch mit einem intakten, engmaschigen Bindegewebe nur schwerlich möglich. Es würde sich überdehnen und reißen, und nach der Schwangerschaft wäre die Haut übersät mit »striae«, Schwangerschaftsstreifen. Doch hier beugt die Natur vor. Sie bedient sich der Hormone, insbesondere des Progesterons, die im Bereich der Bauchdecke genau das bewirken, was anschließend in der Kosmetik das »längsgestreifte Bindegewebe« genannt wird: Die enge Vernetzung zwischen den straffen Kollagen- und den gummiartigen Elastin-Fasern wird gelockert! So werden Spannkraft und Stabilität des Bindegewebes auf natürliche Weise zerstört; das Gewebe verliert an Festigkeit und Druckbelastbarkeit. Das gilt zumindest im Bereich der Bauchdecke.

Die Art und Weise, wie *Hormone* arbeiten, ist bekannt. So gilt es mittlerweile als erwiesen, daß die Wirkung des Progesterons am genetischen Material ansetzt. Das heißt, die Hormone durchdringen die Zellmembran und gewinnen Einfluß auf die »Befehlszentrale« der Zellen. Einmal eingebrochen in diese Zentrale, verändert das Progesteron das zelleigene Kommando für deren Teilung: Hieß es im betroffenen Abschnitt des Bindegewebes bis dahin, daß sich die einzelnen Bausteine dieses Gewebes möglichst oft teilen und möglichst eng aneinanderliegen sollten, wird nun ein neuer »Code« installiert; jetzt ist auf einmal genau das Gegenteil richtig: Das Bindegewebe soll auf Kompression, Spannkraft und Geschmeidigkeit nicht mehr so großen Wert legen und sich zurückhalten, wenn sich das Gewebe von innen heraus aufzublähen beginnt.

Die Veränderung des Bindegewebes ist also tatsächlich geschlechtsspezifisch – zumindest für den Bereich der Bauchdecke. Der Grund hierfür ist, daß Frauen sonst wohl kaum schwanger werden könnten!

Damit ist jedoch noch nicht die Frage nach der Ursache für Orangenhaut erklärt; denn obschon das »Erschlaffen« des Bindegewebes eine der Voraussetzungen für die Orangenhaut ist, findet die Cellulite ja vornehmlich auf den Oberschenkeln statt!

Den Zusammenhang zwischen der Bindegewebsveränderung auf der Bauchdecke, die auf natürliche Weise während der

Pubertät eingeleitet wird, und der späteren Orangenhaut auf dem Oberschenkel kann man jedoch verstehen, wenn man den menschlichen Organismus mit den Augen der Natur zu sehen versucht. Dafür stellt man sich den Menschen am besten auf einer früheren Entwicklungsstufe vor. In der Natur vollziehen sich Veränderungen ja bekanntlich langsam. Jahrtausende gelten hier weniger als Sekunden im Leben eines Menschen, und der Entwicklungsstufe nach ist unser Organismus noch immer in vielen Dingen mit dem Körper des »rama peticus« vergleichbar, jenem Anfangsglied der menschlichen Entwicklungskette.

Bindegewebsschwäche: seit Jahrtausenden vorprogrammiert

Auf dieser vorsteinzeitlichen Daseinsstufe war das Überleben nicht so leicht wie heute. Unsere frühen Vorfahren lebten wie die Tiere ohne Behausung und waren Wind und Wetter ausgeliefert. Auch die Versorgung mit Nahrung war nicht gesichert, sondern das Ergebnis von Jagd- und Sammelglück. Darunter litten vor allem Frauen: Frauen, die mit einem Kind niederkamen, konnten nicht unbedingt damit rechnen, von ihrer Sippe versorgt zu werden. Es konnte sein, daß sich die Gebärende selbst überlassen blieb – alleine mit ihrem Säugling – hilflos und vor allem: hungernd.

Doch die Natur ist lebenspendend und nicht lebenvernichtend; sie gibt und nährt. Sie sorgt bei Säugetieren, also auch beim Menschen, fast immer dafür, daß die Gebärende ihren Säugling auch ernähren kann. Und sie sorgt auch dafür, daß die Mutter selbst nicht zu kurz kommt. Auch wenn vorübergehend keine Nahrungsaufnahme stattfindet, soll sich der weibliche Organismus doch noch eine gewisse Zeit weiterernähren können. Hierfür bedient die Natur sich des »Tricks«, in den Fettzellen bestimmter Körperareale besonders viele Nährstoffreserven einzulagern, um davon zu zehren, wenn die Nahrungsversorgung nicht mehr gewährleistet ist.

Das geschieht ähnlich wie bei den Tieren, die Winterschlaf halten und sich schon im Sommer ein schönes Fettpolster anfuttern. Anders als bei den Winterschläfern genießen bei den Menschen nur die Frauen den »Vorteil«, *Nährstoffreserven* anlegen zu können. Die Voraussetzung für dieses Arrangement schaffen abermals die weiblichen Geschlechtshormone, vor allem das Progesteron. Es lockert den engen Zusammenhalt zwischen den Zellen und schafft so die Voraussetzung dafür, daß diese sich füllen und »aufblähen« können und so Platz für mehr Speicherkapazität schaffen.

Aus diesem Grund werden *weibliche Geschlechtshormone* von vielen Frauen in einer weit höheren Menge produziert, als sie es heutzutage eigentlich brauchen. Bei ihnen bleibt es eben von Natur aus nicht bei einem erschlafften Bindegewebe im Bereich der Bauchdecke, sondern nach und nach verändern die Hormone auch das Netzwerk an den Brüsten, Oberarmen und Oberschenkeln. Frauen, die also recht viele weibliche Geschlechtshormone produzieren, neigen am ehesten zum schlaffen »längsgestreiften« Bindegewebe.

Bei der Veränderung des Bindegewebes ist es somit auch eine Frage, ob jemand viel oder wenig weibliche Geschlechtshormone produziert. Würde der hormonelle Einfluß auf das Bindegewebe ganz ausbleiben, dann würde auch bei der Frau das Gewebe engmaschig vernetzt bleiben – wie beim Mann. In diesem Fall hätten die Fettzellen kaum Möglichkeit, sich über ihre normale Stecknadelkopf-Größe auszudehnen. Der Organismus würde dann »wissen«, daß kein Platz im Gewebe vorhanden ist, und stoffwechselbedingt wäre es in diesem Fall erst gar nicht vorgesehen, daß Nährstoffe ins Gewebe hineintransportiert und dort abgeladen werden können. Dick-werden würde deshalb wie beim Mann höchstens im Darm- und Bauchbereich stattfinden, nicht aber im Gewebe der Oberschenkel oder Brüste.

Die Ursachen für Orangenhaut kann man also folgendermaßen ergänzen: Die Muskelpumpe funktioniert dann nicht, wenn das Bindegewebe erschlafft ist; der Grund dafür, daß das Bindegewebe erschlafft, ist der Einfluß typisch weiblicher Hormone. Das Resultat hieraus heißt: Frauen, die von Natur aus sehr viele weibliche Geschlechtshormone produzieren und dementsprechend sehr »weibliche« Formen haben – pyknische oder mediterrane Typen –, neigen eher zur Orangenhaut als Frauen, die weniger weibliche Hormone produzieren, bei denen die Brüste weniger stark ausgebildet sind und deren Figur weniger hüftbetont ist.

Bei der Natur ist Cellulite »in«!

Die fülligen Körperproportionen mancher Frauen, die in den mitteleuropäischen und nordamerikanischen Staaten mittlerweile eher unmodern sind, galten zu anderen Zeiten als ein besonderes Geschenk der Natur. Voluminöse Oberschenkel und eine opulente Brust waren Zeichen besonders großer Weiblichkeit! So ist die »Venus von Willendorf«, diese kleine Figur, die vor über 3000 Jahren angefertigt worden ist, Inbegriff der Fruchtbarkeit; vielleicht war sie auch Inbegriff eines früheren Schönheitsideals.

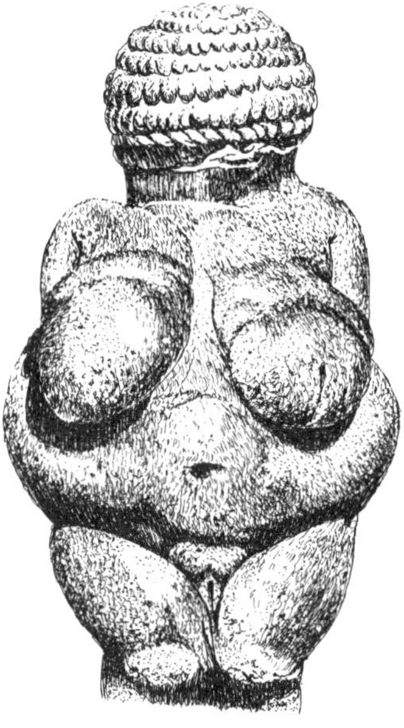

*Die Venus von Willendorf**

* Mit freundlicher Genehmigung entnommen aus Polyglott-Führer Bd. 899 »Wachau«; Zeichner: Heinz Bogner.

Das war schon immer so! Betrachtet man beispielsweise »Die Drei Grazien« von RUBENS, sieht man auf den ersten Blick die Cellulite im frühen dritten Stadium, von der alle drei betroffen sind. Das vergangene Schönheitsideal, der vollbusige, fruchtbare Typ, ließ kaum eine andere Wahl der Darstellung zu! Hatte dann nicht sogar KLEOPATRA, die wegen ihrer anmutigen Weiblichkeit und ihrer Verkörperung des Schönheitsideals so viel gerühmt wurde, auch Cellulite ...?

4. Hormone und Orangenhaut

Hormone steuern unseren Organismus und das Leben. Sie sind die Bausteine unseres Körpers, die wir ständig produzieren. Und so, wie man die Produktion von Hormonen in seinem Körper nur schwerlich beeinflussen kann, so kann man deren Wirkung auf den Organismus selbst erst recht nicht beeinflussen.

Ein sehr bekanntes Hormon ist zum Beispiel das *Adrenalin.* Es funktioniert bei Mensch und Tier gleichermaßen. Dieses Hormon wird, wie man weiß, immer auch dann ausgeschüttet, wenn man erschrickt. Man stelle sich beispielsweise die Tauben vor dem Dom oder am Hauptbahnhof vor, wie sie gurrend über die Pflastersteine stolzieren, stets auf der Suche nach dem nächsten Krümel – und plötzlich klatscht jemand in die Hände! Im Handumdrehen fliegen alle Tauben weg.

Der Grund für dieses spontane, gemeinsame Verhalten liegt in besagtem Hormon, dem *Adrenalin.* Mit dem ersten Ton des Händeklatschens wird »unbekanntes Geräusch/Gefahr!« signalisiert, Adrenalin wird sofort aktiviert, und blitzartig versetzt es den Organismus in seine höchste Leistungsfähigkeit: Sämtliche Muskeln werden angespannt, Stoffwechsel und Atmung laufen auf Hochtouren, das Herz pumpt, was es kann ..., Fluchtreaktion! Gleichzeitig bewirkt Adrenalin auch eine Art Denkblokkade; denn wer weglaufen muß, sollte nicht viel nachdenken, sondern sich aus der Gefahrensituation heraus in Sicherheit bringen!

Doch ausgerechnet dieses Adrenalin-Hormon ist leider auch das berühmt-berüchtigte »Streßhormon«! Beim Schüler, der im Unterricht träumt und der vom Lehrer plötzlich aufgerufen wird, wird Adrenalin ebenso aktiviert wie bei der Sachbearbeiterin, die während des Telefonats mit einem wichtigen Kunden vom Schreibtisch voller Arbeit weg zum Diktat nach nebenan gerufen wird. In beiden Fällen tut uns das Adrenalin keinen großen Gefallen mehr. Viel wichtiger als das Anschnellen des Pulsschlags, die Erhöhung der Atemfrequenz und des Stoffwechsels wären Ruhe und Besonnenheit. Aber willentlich kann man die Wirkung dieser Hormone nicht beeinflussen.

Am populären Beispiel des Adrenalins erkennt man also unschwer, daß uns Hormone nicht immer nur nutzen! In einigen Fällen klafft die tatsächliche Beschaffenheit des menschlichen Organismus mit den Erfordernissen in unserer hochindustrialisierten Gesellschaft weit auseinander. Das ist auch bei einigen Eigenschaften mancher Geschlechtshormone der Fall.

Manche Hormone sind »unmodern«

Die Geschlechtshormone sind natürlich wichtige Bausteine im Körper. Doch man sollte ihre Eigenschaften und Kräfte nicht unterschätzen, zumindest wenn es – wie im Fall der Cellulite – um die Struktur des Bindegewebes der Haut geht.

Zwar meinte es die Natur gut mit der Frau, als sie die Möglichkeit schuf, daß das Bindegewebe erschlafft und daß wertvolle Nährstoff-Depots im Unterhaut-Fettgewebe eingelagert werden konnten. Doch heutzutage ist unsere Ernährung gesichert, und aus dem Verlust der Kompressionswirkung des Bindegewebes ist ein bedeutender Verlust für unsere Gesundheit geworden.

Der menschliche Organismus funktioniert also noch genauso wie in der Steinzeit, obschon sich die Umwelt- und Lebensbedingungen völlig geändert haben.

Bedenklich ist ferner, daß es in vielen Fällen nicht bei den natürlichen Hormonen bleibt, die während der Pubertät zum ersten Mal verstärkt im eigenen Körper produziert werden. Oftmals nimmt man Hormone auch von außen ein, in Form von Medikamenten zum Beispiel.

Hormone in Medikamenten

Eines der bekanntesten (Geschlechts-)Hormonpräparate ist die *Anti-Baby-Pille.* Die Wirkstoffe der ersten Pillen, die in den sechziger Jahren in den Handel kamen, enthielten sehr häufig Östrogene und Gestagene. Bei vielen Frauen haben sie zu körperlichen Veränderungen geführt, die unmittelbar bemerkt wurden; bei anderen Frauen zeigten sich Veränderungen weniger spontan, doch liegt die Vermutung nahe, daß einige der Präparate auch auf das Bindegewebe eine Auswirkung hatten. Hierfür spricht, daß die Frauen, die zur Behandlung ihrer Orangenhaut ins Fach-Institut kommen, besonders häufig angeben, daß sie die Anti-Baby-Pille eingenommen haben oder noch einnehmen.

In einigen weiteren Fällen werden Geschlechtshormone wegen ihrer »Nebenwirkung« auch willentlich verabreicht, zum Beispiel als *Anabolikum* im Bodybuilding. Die Bindegewebsschwäche bleibt in solchen Fällen jedoch meist solange unerkannt, wie der Sportler weitertrainiert. Erst mit nachlassender Leistungsfähigkeit, während Trainingspausen oder Trainingsausfall zeigt sich schnell, was es heißt, so massiv in den Funktionsmechanismus des Stoffwechsels einzugreifen: Rasch stellen sich die Zeichen von Orangenhaut ein, die Haut wird schlaff und unrein, aufgedunsenes Gewebe in den Extremitäten ist ein weiteres Zeichen des gewollten Fehlgriffs.

Es scheint, daß es einen zwingenden Zusammenhang zwischen Hormonen, Bindegewebsveränderung, Muskelpumpenschwäche und Orangenhaut gibt. Doch es leiden nicht nur diejenigen Frauen unter Cellulite, die besonders weiblich, mediterran oder pyknisch sind und die von Natur aus einen besonders hohen Anteil an weiblichen Geschlechtshormonen haben. Selbst wenn man diejenigen hinzurechnet, die über einen längeren Zeitraum die Anti-Baby-Pille genommen haben, erklärt das noch immer nicht ausreichend die Tatsache, daß mittlerweile beinahe jede Frau und immer mehr Männer von Cellulite betroffen sind. Die ersten Anzeichen von Orangenhaut treten außerdem immer häufiger schon während der Pubertät auf, zu einer Zeit also, in der die Pille gar nicht so oft genommen wird und die körpereigenen Hormone ihre Kräfte noch nicht voll entfaltet haben.

Woher kommen die Hormone dann?
Eine mögliche Lösung des Rätsels findet man wahrscheinlich in der Ernährung, genauer gesagt im Konsum bestimmter tierischer Nahrungsmittel. Der Verdacht liegt nahe, daß es sich um Hormone handelt, die für die *Tiermast* eingesetzt werden.

Hormone in der Nahrung

Wenn man den menschlichen Körper mit bestimmten Mitteln beeinflussen kann, dann funktioniert das meistens auch bei den anderen Wirbeltieren. Problemlos lassen sich die wichtigsten Erkenntnisse über den Stoffwechsel und damit auch über die Verfettung und Verschlackung der Fettzellen aufgrund der Bindegewebsschwäche auf den tierischen Organismus übertragen. Und beinahe genauso problemlos läßt sich hieraus eine Strategie entwickeln, mit der man eben diese Überfettung schnell und kostengünstig herbeiführt.

Das Ziel, das mit solchen Überlegungen verfolgt wird, heißt: *rationelle Mastviehproduktion!* Optimales Schlachtgewicht in der Hälfte oder nur einem Drittel der natürlichen Reifezeit! Geringste Kosten! Höchster Ausstoß! Welchem Mastviehproduzenten möchte man auch verübeln, wenn er alle Möglichkeiten ausschöpft, um die Zeit, die er für die Aufzucht seines Mastviehs braucht, zu verkürzen! Und so produziert der moderne Züchter mit Hilfe von Chemie und Hormonen mindestens doppelt so schnell! Das Mastschwein zum Beispiel, das bislang noch fast zwei Jahre lang aufgezogen werden mußte, kann unter diesen Umständen heute bereits nach fünf Monaten optimales Schlachtgewicht erreicht haben! Zwar sind dann die Organe wie Herz und Nieren in bezug auf das Gewicht noch viel zu klein und hinken dem kolossalen Übergewicht ihres Organismus hinterher; auch lebt dieses Vieh unter ständigem Streß und Infarktgefährdung, so daß Beruhigungsmittel und Psychopharmaka verabreicht werden müssen! Aber all das interessiert nur als Kostenfaktor, wenn es darum geht, den Ertrag und die Gewinne zu steigern. Und die Kosten für Hormone und andere Arzneien sind im Vergleich zur höheren Ausbeute gering.

So handelt es sich, wie man auch in der Presse lesen kann, bei manchem Stück Fleisch um genau das, was wir als Menschen bei uns selbst bekämpfen: um versumpftes und verschlacktes Gewebe! Neben Nähr- und Schlackestoffen ist in diesem Gewebe ebenso wie bei der Cellulite zwischen den Fettzellen auch sehr viel Wasser eingelagert. Das merkt man sehr gut, wenn das Stück Fleisch in heißes Fett gelegt wird, und das Wasser verdampft und verspritzt, und ein ledriges, geschrumpftes Stück Fleisch zurückbleibt! Guten Appetit!

Warum Orangenhaut beim Mastvieh erwünscht ist!

Damit das Mastvieh schon von den ersten Wochen nach der Geburt an diese gigantischen Mengen an Nährstoffen aufnehmen, umsetzen und in seinem Gewebe einlagern kann, müssen bestimmte Voraussetzungen geschaffen werden. Eine sehr wichtige betrifft das Bindegewebe: Die eng vernetzten Fasern, mit denen auch das Mastschwein von Natur aus wie jedes Wirbeltier ausgestattet ist, würden sonst wohl kaum diese umfangreichen Einlagerungen zulassen. Um die Verschlackung des Gewebes zu optimieren, wird das Mastvieh in Boxen aufgezogen. Hier sollen sich die Tiere möglichst wenig bewegen, womit ein Großteil des Muskeldrucks und der Muskelpumpe ausgeschaltet wird.

Hiermit hat man eine weitere mögliche Erklärung für das Entstehen von Orangenhaut:

> Der Verzehr von Nahrungsprodukten tierischer Herkunft, die mit den entsprechenden Hormonen belastet sind, kann der wohl wichtigste Grund dafür sein, daß immer mehr Menschen mit Bindegewebsschwäche und Orangenhaut zu kämpfen haben. Und dies kann nach heutigem Kenntnisstand auch nur der Grund dafür sein, daß immer mehr Männer unter Cellulite leiden. Cellulite beim Mann bedeutet ja nichts anderes, als daß bestimmte weibliche Geschlechtshormone in seinem Körper vorhanden sind. Sie können in den meisten Fällen nur von außen eingedrungen sein!

Ohne Hormonüberschuß keine Cellulite

Die Frage nach der Physiologie und den Ursachen der Orangenhaut sollte bis hierhin hinreichend geklärt sein. Fassen wir zusammen:

Cellulite heißt nichts anderes als aufgequaddelte Fettzellen, Fettzellen also, in denen Schlackestoffe unseres Stoffwechsels abgelagert sind. Eigentlich hätten diese Stoffwechselschlacken über die Lymphkanäle abtransportiert werden müssen. Der Grund dafür, daß das nicht geschehen ist, liegt in der mangelnden Muskelpumpentätigkeit, dem Antrieb des lymphatischen Systems. Die nicht ausreichende Muskelpumpentätigkeit wiederum ist das Resultat von zuwenig Bewegung oder, was viel häufiger der Fall ist, das Ergebnis eines schlaffen Bindegewebes: Ist das Bindegewebe nämlich schlaff, dann fehlt dem Muskel der Gegendruck, und der Muskelpumpendruck verpufft!

Die Ursache für das schlaffe Bindegewebe sah man bislang in der typisch weiblichen Konstitution, ausgelöst durch bestimmte weibliche Geschlechtshormone. Nunmehr werden gleich oder ähnlich wirkende Hormone mitverantwortlich gemacht, die über Medikamente oder Mastvieh-Fleisch in unseren Körper gelangen. Das Ergebnis ist massive Bindegewebsschwäche nicht nur bei Frauen, sondern auch bei immer mehr Männern und in der Folge zunächst Orangenhaut.

Die Reise durch den menschlichen Organismus soll nun hier vorläufig beendet werden. Auf der Basis dessen, was Sie bis jetzt erfahren haben, könnte man einen Therapieplan entwikkeln, der zum Ziel hat, die abgelagerten Schlackestoffe wegzutransportieren. Würde eine Therapie gegen die Cellulite ausbleiben, so wäre durch die Orangenhaut unter Umständen die Gesundheit gefährdet. Hierauf soll nun im folgenden kurz eingegangen werden.

VII. Gesundheitliche Risiken unbehandelter Orangenhaut: die Beinleiden

Die Orangenhaut ist eine lokale Lymph-Zirkulationsstörung: Der Organismus pumpt aufgrund fehlenden Gegendrucks vom Bindegewebe nur unzureichend Lymphflüssigkeit und Schlakkestoffe aus den betroffenen Körperpartien ab. Von dieser fehlenden Kompressionswirkung des Bindegewebes sind jedoch nicht nur die Lymphgefäße, sondern auch die Venen betroffen.

Sie wissen bereits, daß der aufrecht gehende Mensch sein Herz nicht am rechten Fleck trägt! Die Kraft des Herzens reicht nur aus, um frisches, arterielles Blut bis in die Kapillaren, die feinen Blutgefäße der Extremitäten zu pumpen. Auf diese Weise werden selbst die vom Herzen entferntesten Stellen noch ausreichend versorgt.

Für den Rücktransport des venösen Blutes reicht der Pumpmechanismus des Herzens alleine jedoch nicht aus. Schließlich muß bei einem Erwachsenen das Blut circa eineinhalb Meter gegen die Schwerkraft hochgedrückt werden. Das geht nicht ohne die zusätzlichen Pumpmechanismen der Sohlen-, Sprunggelenk- und Wadenmuskelpumpe. Die Wadenpumpe hat dabei die Hauptarbeit zu leisten.

Wie beim Lymphsystem werden bei angespanntem Muskel die Venen ausgepreßt, und bei erschlafftem Muskel wird Flüssigkeit angesaugt. Die Flußrichtung des Blutes verläuft dabei immer von außen nach innen – also von den oberflächig verlaufenden zu den tiefliegenden Venen – und von unten nach oben.

1. Krampfadern

Folgeschaden: Krampfadern

Zu Störungen kommt es, wenn die Muskelpumpe aufgrund der schon beschriebenen Bindegewebsschwäche nicht mehr ausreichend funktioniert, oder wenn man sich zu wenig bewegt. Ein weiterer Grund ist das Tragen von falschem Schuhwerk, Stökkelschuhen etwa! Dann ist vor allem die Wadenmuskulatur ständig angespannt; die Muskelpumpenleistung reicht nicht mehr aus!

Das hat über die Cellulite hinaus gesundheitliche Konsequenzen, in erster Linie das Allerweltsphänomen *Krampfadern!* Fast jede zweite Frau und jeder vierte Mann in den modernen Industriestaaten ist davon betroffen. Um diese Erscheinungen besser zu verstehen, sollte man einige Überlegungen über ihre Ursachen anstellen. Dann erkennt man, daß die Cellulite vielfach das erste Anzeichen einer schleichenden Krankheitsbildung ist, die nicht weiter verborgen werden sollte.

Häufig gleiche Ursache: Krampfadern und Orangenhaut

Varizen – ein anderer Begriff für Krampfadern – sind krankhaft veränderte Venen. Man unterscheidet zwei Typen: *primäre* und *sekundäre Varizen.* Die primären Varizen sind Stauungen in den oberflächig verlaufenden Venen, dem sogenannten Saphena-Netz. Die sekundären Varizen sind Abflußstörungen in den tiefer verlaufenden Leitvenen.

Die oberflächig verlaufenden Krampfadern befinden sich meistens auf den Oberschenkeln – genau dort, wo sich auch die Cellulite ausgebreitet hat.

Ausgelöst durch unzureichende Muskelpumpentätigkeit kommt es dort zu Stauungen, wo die oberflächig verlaufenden Venen in die tiefen Leitvenen münden, die sich in den Rumpf ergießen. Die Venenklappen, an dieser Stelle *Mündungsklappen* genannt, schließen sich durch die Erweiterungen nicht mehr richtig.

Das Blut sackt zurück nach unten und sucht sich seinen Weg über Gefäße, die von den äußeren zu den inneren Venen führen. Das Blut fließt an dieser Stelle also im Kreis; es hat einen »privaten« Kreislauf eröffnet!

Als Therapie primärer Varizen empfiehlt sich in allererster Linie ausreichende Bewegung, Barfuß-Laufen oder mit natürlichem Schuhwerk auf natürlichem Untergrund. Zur Unterstützung und optimalen Ausbeutung der Muskelpumpe kommt ein leichter Kompressionsstrumpf in Frage, eine Art künstliches Bindegewebe. Reicht der Druck jedoch noch immer nicht aus, um die Klappen zu schließen, kommt nach den konservativen Maßnahmen auf Dauer nur eine operative Methode in Frage: »Stripping«! *Stripping* ist das operative Entfernen des betroffenen Venensystems. Daneben gibt es noch eine weitere Methode, die häufig eingesetzt wird: das »Sklerosieren«. Dabei werden die Venen angespritzt und auf diese Weise verödet.

Oberflächig verlaufende und tiefliegende Krampfadern

Im Unterschied zu den primären Varizen sind die *sekundären Krampfadern* Stauungen in den tiefliegenden Venen. Sie sind häufig nicht so gut erkennbar, aber nicht weniger unbedenklich.

Zu derartigen Stauungen in den tiefliegenden Leitvenen kommt es dann, wenn sich aufgrund des ungenügenden Drucks und des kontinuierlichen Rückflußstroms Ablagerungen an den Venenwänden bilden, sogenannte *Thrombosen.* Thrombosen verengen den Durchmesser der Venen und behindern so den Durchfluß zusätzlich. Die Muskelpumpe drückt das Blut nun in die falsche Richtung, nämlich in die oberflächig verlaufenden Venen. Diese wiederum erweitern sich.

Achtung bei Thrombosen!

Die Gefahr, die von den tiefliegenden Krampfadern ausgeht, ist nicht nur die mögliche Ödembildung, über die anschließend gesprochen werden soll. Die Gefahr besteht auch darin, daß sich der Thrombus lösen kann. Die Ablagerungen würden im Strom der Leitnerven unter Umständen bequem bis zum Herz mitschwimmen können, denn bis zum Herz werden die Venen in ihrem Durchmesser immer breiter. Von dort aus würden die Ablagerungen in die Lunge gepreßt. Dann sind sie im arteriellen Kapillarsystem und könnten schlimmstenfalls einen Verschluß dieser feinen Blutgefäße herbeiführen. Man spricht dann von einer *Embolie.* Kommt ein Thrombus erst einmal in Bewegung und emboliert in der Lunge, kann das zum Tode führen!

2. Ödeme

Gegenüber den Varizen kündigt sich das *venöse Ödem* sehr viel langsamer, unauffälliger und schleichender an. Es handelt sich bei einem Ödem um eine übermäßige Flüssigkeitsansammlung im Gewebe. Auch das ist die Folge davon, daß die Flüssigkeit nicht ausreichend abgepumpt worden ist.

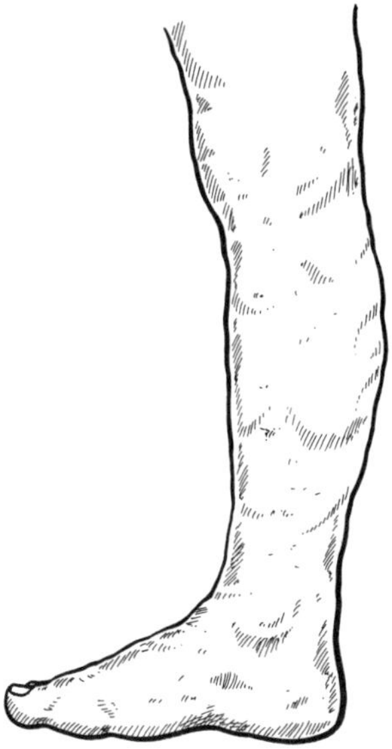

Folgeschaden: Ödem

Obwohl jede Cellulite tendenziell ödematös ist – das heißt, Ödeme nach sich ziehen kann –, ist eine Flüssigkeitsansammlung im Gewebe in einer harmlosen Form wohl eine alltägliche Erscheinung: So hat wohl jeder schon einmal nach einem langen Arbeitstag im Bereich der Sprunggelenke Abdrücke und Striemen vom Gummizug seiner Strümpfe auf der leicht aufgedunsenen Haut festgestellt!

Solange sich diese leichten Schwellungen nur gelegentlich einstellen und nach wenigen Stunden oder spätestens am nächsten Morgen wieder verschwunden sind, sind sie unbedenklich. Im Zweifelsfall immer die Füße hochlagern! Diese Erscheinungen können auch wetterabhängig sein und treten gerne in den ersten heißen Tagen im Jahr auf. Schließlich gibt es bei einigen Frauen auch einen Zusammenhang zwischen Ödembildung und Menstruation.

Akute und chronische Lymphödeme

Im Laufe der Zeit können die Schwellungen, die sich anfangs nur spontan einstellten, jedoch auch zu *chronischen Dauerschwellungen* werden. Hierauf sollten diejenigen besonders achten, die am Oberschenkel bereits von einer gut sichtbaren Cellulite betroffen sind. Dann wird es Zeit zu handeln. In vielen Fällen versucht man anfangs, Abhilfe mit entwässernden Präparaten herbeizuführen. Wegen den nicht unerheblichen Nebenwirkungen bei Dauereinnahme werden diese Präparate aus gutem Grund mehr und mehr abgelehnt. Außerdem kann man mit Hilfe solcher Medikamente die – häufig – gemeinsame Ursache von Orangenhaut und Ödem nicht bekämpfen.

Entwässerungspräparate bringen kaum Hilfe

Bis vor wenigen Jahrzehnten wurde das Ödem als Beinleiden und Krankheit kaum beachtet. Mittlerweile ist jedoch definiert, ab wann von einem Ödem gesprochen wird. So befinden sich in einem normalen Bein durchschnittlich zwei Liter Gewebsflüssigkeit. Bei einem Flüssigkeits-Mehr von bis zu 0,7 l ist die Schwellung zwar kaum sichtbar, aber schon gut tastbar. Der Flüssigkeitsgehalt mancher Ödeme kann bis zu mehreren Litern betragen! Als Folgeschäden eines Ödems können sich Hautverfärbungen, Verschwielungen, Ekzeme und das »offene Bein« einstellen.

Die Ursachen des *venösen Ödems* sind Störungen des Flüssigkeitsaustausches in den Kapillargefäßen. Als *Kapillargefäß* bezeichnet man den Übergang von der Arterie zur Vene oder besser: die Enden der Arterien, die Arteriolen, und die Anfänge der Venen. Im arteriellen Schenkel der Kapillare herrscht ein höherer Druck als im umgebenden Gewebe. Das führt dazu, daß Flüssigkeit zusammen mit Nährstoffen aus den Arterien aus- und in den umgebenden Raum zwischen den Zellen eintritt. Die Zellen selbst bedienen sich der Nährstoffe und des Sauerstoffs. Hierüber wurde schon bei der Erklärung des Betriebsstoffwechsels (vgl. S. 33) gesprochen. Die übrigbleibende Flüssigkeit wird sodann zu circa 90% von den venösen Kapillargefäßen »aufgesogen«, denn dort besteht gegenüber dem umgebenden Gewebe erheblicher Unterdruck. Die restlichen circa 10% der Flüssigkeitsmenge sind *»lymphpflichtig«*. Sie nehmen die festen Stoffwechselschlacken auf und werden mit ihnen zusammen über die Lymphkanäle abtransportiert.

Ödem und Cellulite: oftmals gleiche Therapie

Im Fall von Varizen und Thrombosen steigt der Druck in den Gefäßen bis zu den Kapillaren. Dann funktioniert die Flüssigkeitsaufnahme nicht mehr ausreichend. Das Gewebe versumpft, die Gewebsernährung wird gestört, die Lymphgefäße werden überlastet. Das ist einer der wichtigsten Gründe für die Ödembildung. Er hängt mit der Cellulite direkt zusammen.

Auch das Ödem wird therapiert, indem der Druck, der von außen auf das Gewebe ausgeübt wird, erhöht wird. Das geschieht mittels Kompressionsbandagen, Massagen oder mit Hilfe von apparativen Methoden, bei denen Luftdruck von außen gegen die Haut gepumpt wird. Wichtig ist aber auch bei der Behandlung von Ödemen, daß die Ursache ihrer Enstehung berücksichtigt wird. Und so kommt keine Therapie an der Mitarbeit des Patienten vorbei, und die heißt: bewegen, bewegen und nochmals bewegen! Im nächsten Kapitel wird dafür eine einfache Übung vorgestellt, die hervorragend geeignet ist, sowohl Cellulite als auch Krampfadern und Ödemen vorzubeugen oder deren Symptome zu lindern (vgl. S. 88).

3. Das offene Bein

Der gerade beschriebene Druckverlust im Gewebe kann als schwerste Folge ein *offenes Bein* verursachen. Bereits jeder 37. Erwachsene trägt hiervon die ersten Zeichen. Das sogenannte *Ulcus cruris varicosum* entsteht dann, wenn das Gewebe über die Kapillare nicht mehr ausreichend versorgt wird; es stirbt ab!

Lange Zeit konnte man sich das Entstehen des offenen Beins nicht erklären. In der Naturheilkunde hieß es, daß sich der Organismus einen zweiten After suche, um sich seiner Gifte und Schlacken zu entledigen. Heute weiß man jedoch, daß der Ulcus cruris eine schwere Folge eines Ödems ist. Die eigentliche Ursache ist dabei folgende: Bei normalen Verhältnissen fließen circa 99% des Blutes von den Arterien über die Kapillarge-

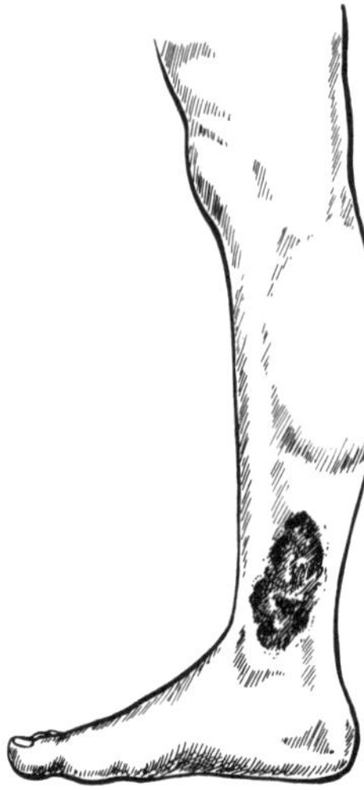

Folgeschaden: offenes Bein

fäße in die Venen. Die Versorgung des Gewebes funktioniert so optimal. Lediglich ein Prozent des Blutes fließt über die sogenannten *Anostomosen* direkt in die Venen. Die Anostomosen sind »Brücken-Gefäße«, die die Arterien und Venen direkt miteinander verbinden.

Kurzschluß: Wenn Nährstoffe unverbraucht wieder zurückfließen

Die gestauten Stoffwechselschlacken der Cellulite und des Ödems üben auf die Anostomosen einen besonderen chemischen Reiz aus. Das Ergebnis: Die kleinen Gefäße öffnen sich. Nun gelangt mehr arterielles Blut direkt in die Venen. Die Nährstoffe bleiben im Blut, ohne an die Zellen des Gewebes abgegeben zu werden.

Abermals zielt auch die Therapie des offenen Beins darauf ab, den Gewebedruck von außen zu erhöhen. Eine bessere Versorgung kann nur erreicht werden, wenn sich die Brückengefäße wieder schließen, wenn sich der chemische Reiz der Stauungen verliert, wenn das Ödem reduziert wird und wenn ausreichend Pumpwirkung auf die Gefäße ausgeübt wird.

Cellulite: die Krankheit, die noch keine Krankheit ist

Die Cellulite hat noch weitere Krankheitsimplikationen: So geben beispielsweise sämtliche Cellulite-»Patienten« an, daß sie nur sehr wenig trinken. In diesem Fall wird auch weniger Flüssigkeit aus den Extremitäten in den Rumpf und in die Filterorgane zurückgepumpt. So scheidet beispielsweise der gesunde Organismus eines Erwachsenen alleine über die Blase circa zwei Liter Flüssigkeit pro Tag als Urin aus. Circa ein halber Liter Flüssigkeit wird zusätzlich über die Haut verdunstet, was zusammengerechnet einen Flüssigkeitsausstoß von mindestens zweieinhalb Litern ausmacht. Diese Menge müßte der Organismus als Minimum wieder zurückerhalten, denn der gesunde menschliche Körper braucht sie für seinen Stoffwechsel.

Doch überlegen Sie selbst: Werden Sie heute auch wirklich zweieinhalb Liter und mehr trinken?

> Wenn Sie von Cellulite betroffen sind und wirkungsvoll dagegen angehen wollen, werden Sie auf Dauer nicht daran vorbeikommen, den Flüssigkeitsbedarf Ihres Körpers umfassend zu befriedigen. Im anderen Fall bleibt es beim versumpften Gewebe, bleibt es bei zu hoher Konzentration von Fett- und Giftstoffen im Blut mit all den Folge-Erscheinungen.

Wer Cellulite hat, sollte viel trinken

Wenn Ihnen also die geschulte Kosmetikerin empfiehlt, im Zuge einer Therapie ab einem bestimmten Zeitpunkt besonders viel zu trinken, dann tun Sie es! Ihr Organismus braucht mindestens zweieinhalb Liter täglich! Vergessen Sie nicht, daß unser Körper bei seiner Entsorgung so ähnlich arbeitet wie eine Waschmaschine: Wer vergißt, die Wasserleitung aufzudrehen, bekommt seine Wäsche nicht sauber...!

Die Beinleiden sind nur einige Beispiele dafür, daß man die Cellulite nicht auf die leichte Schulter nehmen sollte. Natürlich braucht niemand sofort zum Arzt zu gehen, bei dem sich die ersten Furchen und Dellen bemerkbar machen. Solange es bei

Cellulite und Fettpölsterchen bleibt, lassen sich diese als kosmetisch-ästhetisches Problem mittlerweile recht gut behandeln.

Die Gesunderhaltung Ihrer Beine und Organe ist jedoch eine Angelegenheit, die man nicht delegieren kann. An aktiver Mitarbeit sollte man es nicht mangeln lassen. Aus diesem Grund werden nun einige Maßnahmen vorgestellt, die sich jeder zu Herzen nehmen und befolgen sollte – sei es zur Vorbeugung gegen Orangenhaut, oder sei es zur Unterstützung der Behandlung im Kosmetik- oder Fitneß-Institut.

VIII. Vorbeugende Maßnahmen gegen Orangenhaut

Alles was man gegen Orangenhaut tut, ist gut für die Gesundheit! Man kann auf Dauer nur eines bewahren: Cellulite oder gesunde Beine.

Wie bei zahlreichen Krankheiten heißt es auch bei der Cellulite: Vorbeugen ist der beste Schutz! Und der einfachste! Denn je älter oder »reifer« die Orangenhaut ist, desto länger dauert der Kampf, bis sie besiegt ist. Hinzu kommt, daß die Orangenhaut-Behandlung im Kosmetik- oder im spezialisierten Fitneß- oder Spezial-Institut stattfindet. Sie müssen dafür bezahlen! Einen Teil dieser Kosten können Sie nur unter bestimmten Voraussetzungen von Ihrer Krankenversicherung zurückerstattet bekommen. Machen Sie also der Cellulite beizeiten einen Strich durch die Rechnung – es lohnt sich auch finanziell.

Zu bedenken ist auch, daß sich die Entwicklung der Orangenhaut langsam und schleichend vollzieht. Wenn sie auf den Außenseiten der Oberschenkel schon mit bloßem Auge gut sichtbar ist, befindet sie sich dort bereits im dritten Stadium. Bei der genauen Bestandsaufnahme, dem Cellulitogramm, kann man schnell feststellen, daß dann auch schon das Gesäß und nicht selten sogar schon die Oberarme betroffen sind.

Wie aber kann man sich schützen?

Was kann man tun, und welche Aussicht auf Erfolg hat man? Dieses Buch vertritt die Meinung, daß die erfolgreiche Vorbeugung gegen Cellulite auf mindestens drei Säulen steht, nämlich: *Schulung*, *Ernährung* und *Bewegung*.
Erfahren Sie in dieser Reihenfolge, was damit gemeint ist:

1. Schulung

»Am Anfang
selbst der längsten Reise
steht der erste Schritt.«

Das gilt auch für Maßnahmen gegen Orangenhaut, die Sie nun kennenlernen werden. Ihr erster Schritt ist das Entwickeln eines »Problembewußtseins«.

Wer bereits von Orangenhaut betroffen ist, hat es nun ausnahmsweise einmal leichter, denn die Verärgerung über die lästige Hautveränderung sollte Grund genug sein, sich mit der Cellulite auseinanderzusetzen; schließlich will man sie ja loswerden. Wer hingegen noch nicht von Orangenhaut betroffen ist, kann zwar froh darüber sein. Sie sollten jedoch mit offenen Augen die Cellulite bei Ihren Mitmenschen zur Kenntnis nehmen. Schauen Sie vor allem darauf, wie sich die Orangenhaut im Laufe des Lebens zu einem massiven Beinleiden entwickeln kann. Wie viele unserer älteren Mitbürger tragen beispielsweise die lästigen Kompressionsbandagen! Mit 15, 25 oder 35 Jahren dachten sie auch nicht daran, daß es einmal soweit kommen würde...!

Für uns alle ist es wichtig zu lernen, die Orangenhaut nicht auf die leichte Schulter zu nehmen! Mißtrauen Sie jedem, der dieses Problem auf ein »sekundäres weibliches Geschlechtsmerkmal« herunterspielen möchte; mit einer solchen Einstellung übersieht man, daß es beim Status quo eines ersten, zweiten oder selbst dritten Stadiums nicht bleibt, sondern daß die »reife« Cellulite im Organismus weitere folgenschwere Veränderungen auslösen kann.

Cellulite nicht herunterspielen

Aus diesem Grund sollte man sich als aufgeklärter Mensch immer wieder vor Augen halten, was unser Körper braucht, um gesund zu bleiben! In unserer Gesellschaft genießen wir zwar beinahe jeden erdenklichen Luxus und jeglichen Komfort. Mußten sich unsere Vorfahren noch »bis auf die Knochen« abrackern und schinden, um ihr tägliches Brot zu verdienen, so haben wir mit Hilfe von Maschinenkraft und Computer-Technologie eine Gesellschaft des Überflusses und der Bequemlichkeit errichtet. Die körperliche Arbeitskraft ist längst in den Hintergrund getreten und durch Apparate und Roboter vielerorts ersetzt worden. Auch unsere Fortbewegung hat sich geändert; wir bewegen uns immer weniger selbst, statt dessen lassen wir uns bewegen. Selbst die ausreichende Versorgung mit Nahrung, Anfang des Jahrhunderts noch ein Problem, ist bei uns längst sichergestellt. Im Gegenteil, wir produzieren sogar mehr, als wir verbrauchen; von allem haben wir Überfluß!

Doch genau dieser Überfluß ist das Problem! Der Luxus, den wir in den Industriestaaten genießen, hat vielleicht dazu geführt, daß wir das rechte Maß für die natürlichen Belange unseres Körpers verloren haben. Wir scheinen zu vergessen, daß auch der Homo sapiens in erster Linie »nur« ein Wirbeltier ist. Wie jedes andere Lebewesen stellt auch der Organismus eines Wirbeltieres bestimmte Ansprüche an seine natürliche Umgebung und an die Ernährung, um möglichst lange Zeit zu leben und gut zu funktionieren. Genau hierüber müssen wir nachdenken und wieder lernen, was unser Körper braucht und was nicht.

Vor diesem Hintergrund spiegelt die Orangenhaut einen Teil unserer gesamten Lebenssituation wider: Sie ist Ausdruck der Überversorgung!

Wenn der Organismus im Überfluß erstickt ...

Mit den ersten Furchen und Dellen am Oberschenkel zeigt unser Organismus, daß er mit dem Stoffwechsel-Müll nicht mehr fertig wird. Das richtige Verhältnis zwischen Versorgung und Entsorgungskapazität ist gestört!

Gerade zu Anfang läßt sich das Problem zum Glück noch vergleichsweise schnell in den Griff bekommen; natürlich muß man wissen wie. Wenn Sie das Buch bis hierhin durchgelesen haben, haben Sie den ersten Schritt schon gemacht. Sie haben einen Eindruck davon gewonnen, wie unser Körper funktioniert und was man unter Stoffwechsel beziehungsweise Ernährungs-Stoffwechsel versteht. Sie haben gelernt, daß ausreichende Bewegung genauso wichtig wie der Herzschlag ist, und schließlich sollten Sie erkannt haben, daß es für Sie wichtig ist, das Gelesene auch tatsächlich zu beherzigen.

Prüfen Sie deshalb in den folgenden zwei Kapiteln kritisch, ob Sie in bezug auf Ernährung und Bewegung den Ansprüchen Ihres Körpers gerecht werden. Versuchen Sie, wenn erforderlich, die eine oder andere nachteilige Gewohnheit zugunsten einer gesünderen auszutauschen. Das ist dann schon Ihr zweiter Schritt.

2. Ernährung

Durch richtige Ernährung wird der Körper mit den Nährstoffen versorgt, die er für sein Wachstum und die Aufrechterhaltung aller Lebensfunktionen braucht. Als Nährstoffe, die mehr oder weniger in jeder Nahrung enthalten sind, kommen für den Menschen in Frage:

① Eiweiß

② Fett

③ Kohlenhydrate

④ Vitamine

⑤ Mineralien (auch Spurenelemente)

Die ersten drei Gruppen sind die eigentlichen Energiespender. Sie versorgen uns mit »Kraft« und »Wärme« und werden für den sogenannten Betriebsstoffwechsel unseres Organismus gebraucht. Je mehr man sich körperlich betätigt, desto höher ist der Energiebedarf, und desto mehr Eiweiß, Fett und Kohlenhydrate werden benötigt.

Als Maß für die Berechnung des Energiegehaltes dieser Nährstoffe dient die Einheit *»kcal«* (Kilokalorien; hier ist vor allem der Wärmehaushalt gemeint) oder *»kJ«* (Kilojoule; diese Einheit bezieht sich auf die Kraft, die nötig ist, um ein Kilogramm Gewicht einen Meter weit zu transportieren).

Betriebsstoffwechsel und Grundumsatz

Selbst wenn man sich nicht bewegt, braucht man Energie. Zwar arbeitet der Stoffwechsel auf »Sparflamme« und muß scheinbar nur die Energie für Herztätigkeit und Atemmuskulatur liefern. Doch dieser »Grundumsatz« liegt bei einem Erwachsenen immerhin bei circa 1600 Kilokalorien. Ein Viertel dieser Energie braucht übrigens das Gehirn!

Schon bei durchschnittlicher Bewegungstätigkeit benötigt ein erwachsener Mann im Durchschnitt 2500 Kilokalorien und eine Frau circa 2200 Kilokalorien. Ein Schwerarbeiter oder Hochleistungssportler bringt es schnell auf einen Tagesbedarf von 3500 Kilokalorien und mehr.

Über den jeweiligen Brennwert von Eiweiß, Fett und Kohlenhydraten informieren Nährwert- oder Kalorientabellen, die von ernährungswissenschaftlichen Instituten herausgegeben werden und im Buchhandel erhältlich sind.* Dort wird dem Energieverbrauch durch körperliche Bewegung die Energiezufuhr durch Speisen und Getränke gegenübergestellt. So verbrennt man zum Beispiel während 30 Minuten Schwimmen durchschnittlich 150 Kilokalorien – genau den Brennwert, den ein Apfel liefert; oder: um einen viertel Liter Bier zu verbrennen, müßte man beispielsweise 60 Minuten wandern.

Baustoffwechsel

Neben dem energieliefernden Betriebsstoffwechsel gibt es den sogenannten Baustoffwechsel. Hierfür sind Eiweiß, Fett und Kohlenhydrate und darüber hinaus noch weitere Nährstoffe nötig, nämlich Vitamine und Mineralien. Etwa 2000 unterschiedliche Enzyme sind in unserem Organismus damit beschäftigt, aus diesen Nährstoffgruppen die chemischen Bausteine wie Kalium, Kalzium oder Eisen oder die einzelnen Vitamine herauszuarbeiten. Hieraus stellt der Körper dann unzählig viele neue chemische Verbindungen her, ohne die der Orga-

---

* Vgl. hierzu auch: »Ernährungsratgeber« (Bd. 586); erschienen im Humboldt-Taschenbuchverlag, München.

nismus nicht funktionieren könnte. Die Nährstoffe sind also die Ausgangsmaterialien, die zusammen mit dem Sauerstoff in der Luft, die wir atmen, Leben und Wachstum überhaupt erst ermöglichen. Deshalb ist bei jeder Nahrung darauf zu achten, daß Vitamine und Mineralien ausreichend darin vorhanden sind. Auch hierüber geben die Nährwerttabellen aus dem Buchhandel Auskunft.

Nach aktuellen Erhebungen der ernährungswissenschaftlichen Institute ernähren wir uns im Durchschnitt jedoch immer noch zu energiereich und zu vitamin- und mineralstoffarm. Je mehr Energie in Form von Eiweiß, Fett oder Kohlenhydraten aufgenommen wird, desto größer ist auch der Bedarf an den anderen Nährstoffen. Wenn dann aber Vitamine und Mineralien nicht mehr ausreichend zugeführt werden, können auch die Energielieferanten nicht mehr optimal verwertet werden. Hier beginnt ein Teufelskreis, der für das Enstehen von Fettpölsterchen, denen hier ein eigenes Kapitel gewidmet ist (vgl. S. 123ff.), und für die Orangenhaut mitverantwortlich ist.

Die wichtigen Vitamine, Mineralien und Spurenelemente kommen hauptsächlich in pflanzlichen Nahrungsprodukten vor. Häufig wird jedoch vergessen, daß einige dieser lebenswichtigen Stoffe sich durch Kochen, Schmoren oder Dünsten verändern oder daß sie gar zerstört werden. Man kann nicht genug darauf hinweisen, wie wichtig es ist, Obst und vielleicht auch manches Gemüse roh zu verzehren. Abgesehen davon, daß die Nährstoffe in dieser Form voll erhalten bleiben, ist der Verzehr von Rohkost ein wichtiger Schritt zum Ziel, zu »ursprünglichen«, körper-gerechten Ernährungsgewohnheiten zurückzufinden.*

Ebenso wie der Mangel an Vitaminen und Mineralien ist aber auch jedes *Zuviel* schädlich. Wer glaubt, seinen Körper mit künstlichen und zum Teil überdosierten Vitaminen und Mine-

---

* Dem interessierten Leser empfehlen wir hierzu: »Vegetarische Küche« (Bd. 503), »Vollwertkost« (Bd. 504), »Das Bio-Kochbuch fürs ganze Jahr« (Bd. 629); alle erschienen im Humboldt-Taschenbuchverlag, München.

ralien einiger Aufbaupräparate aus der Apotheke auf Dauer gesund zu erhalten, der irrt. Man sollte deshalb versuchen, sich möglichst ausgewogen und natürlich zu ernähren! Hierzu gehören neben den Nährstoffen auch die Ballaststoffe!

Ballaststoffe: für die Verdauung unentbehrlich

Ballaststoffe kommen nur in pflanzlichen Lebensmitteln vor, vor allem in Getreide und Gemüse. Meistens handelt es sich um das Netzwerk, das Stütz- und Füllgewebe, das den Pflanzen Halt und Form gibt, ähnlich unserem Bindegewebe. Der menschliche Organismus hat – anders als manche anderen Wirbeltiere – keine Enzyme, um diese Stoffe aufzuschlüsseln und als Nahrung zu verwerten. Deshalb hielt man Ballast- oder Faserstoffe lange Zeit auch für überflüssig. Aus dieser Zeit stammt übrigens auch ihr Name.

Doch was als scheinbar unnötiger Ballast lange Zeit vom Speiseplan ferngehalten wurde, wird jüngst neu entdeckt: Mindestens 30, wenn nicht sogar 40 Gramm dieser Ballaststoffe sollte ein Erwachsener pro Tag mit der Nahrung zu sich nehmen! Denn die Ballaststoffe sind vor allem für die Verdauung unentbehrlich. Stellt man in Rechnung, daß circa 25% aller Nord- und Mitteleuropäer unter Darmträgheit und zum Teil chronischer Obstipation (Verstopfung) leiden, so handelt es sich in den meisten Fällen ohne Zweifel um das Ergebnis von zu ballaststoffarmer Ernährung!

Aus dem Stuhlproblem resultiert auch eine ungebührliche Beanspruchung von Dick- und Dünndarm. Sie werden zum Zwischenlager für die Schlackestoffe unserer Nahrung, dem Kot. Das wiederum führt zu zwei weiteren höchst unerwünschten Erscheinungen: Erstens weitet sich der Darm, bis man vom »dicken Bauch« spricht (vgl. Kapitel XII., S. 129ff.). Zweitens gelangen bestimmte Schlackestoffe über die feinen Kapillaren der Darmwand ins Blut. Das wiederum wirkt sich negativ auf das Hauterscheinungsbild aus und begünstigt ebenfalls das Verschlacken der Zellen.

Durch den ausreichenden Verzehr von Ballaststoffen wirkt man der Verstopfung und der Dickleibigkeit auf natürliche Weise und höchst effizient entgegen. Darüber hinaus beeinflussen die Ballaststoffe den Stoffwechsel in weiterer Weise günstig: Sie gelten als cholesterinsenkend. Auch andere Schadstoffe in der Nahrung können von den Ballaststoffen eingekapselt und durch den Verdauungstrakt zum After transportiert werden, ohne daß sie uns schaden.

Es gibt also zahlreiche Gründe, bei der Ernährung auf die Zufuhr von ausreichend Ballaststoffen zu achten. Auch über den Anteil an Ballaststoffen in den jeweiligen Nahrungsmitteln informieren entsprechende Ernährungstabellen.

Nahrungsgifte

Neben dem ausgewogenem Verhältnis zwischen Nähr- und Ballaststoffen sollte man auf möglichst unbelastete, giftfreie Nahrung achten. Als Gifte kommen in erster Linie Umweltgifte in Frage. Hierzu gehören die Verseuchung von Pflanzen und Boden, die durch Schadstoffe in der Luft, die sogenannten Emissionen von Auto- und Industrieabgasen, herbeigeführt wird. Es gehören aber auch Präparate des Pflanzenschutzes, Herbizide und Insektizide, hinzu und nicht zuletzt mancher Dünger, der zwar den Ertrag einer Pflanze steigern kann, aber die Qualität ihrer Nährstoffe herabsetzt. Aus diesem Grund geben immer mehr Verbraucher »naturbelassenen« Nahrungsmitteln den Vorzug, oder solchen Produkten, die aus »biologisch-natürlichem Anbau«* stammen.

Als Giftstoffe kann man auch bestimmte pharmakologische Mittel, zum Beispiel gewisse künstliche Hormone, die in der Mastviehindustrie zum Einsatz kommen, bezeichnen. Vor allem der negative Einfluß von letzteren auf die Cellulite wurde bereits besprochen: Sie können das Bindegewebe verändern

* Da die Bezeichnung »bio-« gesetzlich nicht geschützt ist, gibt es unter den Anbietern von »Bio«-Produkten viele schwarze Schafe. Wie Sie echte Bio-Ware von falscher unterscheiden können, das erfahren Sie neben vielen weiteren Ernährungstips im »Kaufberater Biokost« (Bd. 608); erschienen im Humboldt-Taschenbuchverlag, München.

und somit die physiologische Muskelpumpe, unser »zweites Herz«, in Mitleidenschaft ziehen! Aus diesem Grund stellen einige Fleisch-Anbieter und Bio-Metzger die Tatsache besonders heraus, daß ihre Fleischprodukte das Ergebnis einer natürlichen, hormonfreien und artgerechten Aufzucht sind. Einem solchen Angebot sollten Sie ohne jeden Zweifel den Vorzug geben! Leider sind diese Produkte oft wesentlich teurer als »Industrie-Fleisch«; aber dafür lohnt es sich sicherlich, hin und wieder auf ein Stück Fleisch zugunsten einer ballaststoffreichen Rohkost- oder Gemüsemahlzeit zu verzichten.

Vollwertige Ernährung

Es gibt viele Wege, sich richtig zu ernähren. Selbst der Verzehr von ausschließlich pflanzlichen Lebensmitteln, die vegetarische Ernährung, ist für einen Erwachsenen möglich, wenn er über genügend Wissen verfügt, sich ausreichend mit Eiweiß, Eisen und Vitamin B12 zu versorgen. Neben der rein vegetarischen Ernährung wird auch die »lacto-vegetabile« Nahrung propagiert, das heißt: Ernährung durch Pflanzen und Milchprodukte. Oder »ovo-lacto-vegetabil«: Dann werden neben pflanzlichen Produkten und Milch auch Eier und zum Teil auch Fisch verzehrt.

Doch ganz egal, wie man sich ernährt: Wichtig ist in jedem Fall, daß man möglichst abwechslungs- und rohkostreich speist. Das Essen sollte schmackhaft und schonend zubereitet sein; für die ausreichende Versorgung mit Ballaststoffen sollte man vor allem bei Brot und anderen Getreideprodukten auf Vollkorngetreide achten. Bei Vollkorngetreide sind die kleiereichen Außenschichten des Korns, die die Hauptanteile von Nähr- und Ballaststoffen enthalten, nicht abgetrennt.

Nährstoffe richtig kombinieren

Um den Verdauungsenzymen im Dünndarm ihre Arbeit zu erleichtern, empfehlen immer mehr Ernährungsberater, bestimmte Nährstoffgruppen nicht mit anderen zu kombinieren. Kohlenhydrate beispielsweise werden sehr schnell aufgeschlüsselt und »verdaut«; im Magen-Dünndarm-Trakt setzen die verdauten Kohlenhydrate jedoch kurzfristig den Säurezustand herauf. Das wiederum führt dazu, daß bestimmte andere Enzyme, nämlich diejenigen, die Eiweiße aufschlüsseln sollen, nicht aktiv werden können. Wer also ein Käsebrötchen ißt, der verdaut zuerst die Kohlenhydrate des Brötchens; erst wenn der Organismus diese restlos »aufgezehrt« hat und sich das Säuremilieu im Dünndarm wieder normalisiert, beginnen andere Enzyme, die Eiweiße des Käses auseinanderzubauen.

Eine wichtige Regel dieser »Trennkost« lautet deshalb: Eiweiß-Produkte sollen nur mit Eiweiß-Produkten und mit Fetten kombiniert werden – nicht aber mit Kohlenhydraten. Wer hierzu nicht in der Lage ist, kann sich eines »Tricks« bedienen: Man hat herausgefunden, daß Südfrüchte, vor allem Ananas, Enzyme enthalten, die die Eiweiße in jedem Säuremilieu spalten. Der zusätzlich Verzehr solcher Früchte oder die Verabreichung der betreffenden Enzyme in anderer Form können also die Verdauung auf natürliche Weise unterstützen.

Richtig speisen – mehr genießen

Neben der Frage, was und wieviel man ißt, ist auch das »Wie« wichtig. So sollte man nicht vergessen, daß das Verdauen bereits im Mund beginnt: Nicht nur das mechanische Zerkleinern unserer Nahrung durch das Kauen ist ein erster, wichtiger Akt der gesamten Verdauung, auch das Einspeicheln.

Aus diesem Grund kann nicht oft genug wiederholt werden, wie wichtig es ist, ausreichend lange zu kauen. Legen Sie nach jedem Bissen das Besteck an den Tellerrand zurück! Genießen Sie, wie sich der Geschmack der Speise durch langes Kauen im Gaumen verfeinert! Der weitere Vorteil dieser Methode ist neben der Optimierung der Verdauung die frühzeitigere Sättigung. Man braucht also gar nicht soviel zu essen – vorausgesetzt, man ist ehrlich und hört mit dem Essen auf, sobald man satt ist und nicht erst dann, wenn die Schüsseln leer sind ...!

Sämtliche Empfehlungen, die Sie hier erhalten haben und noch erhalten werden, tragen dazu bei, den Stoffwechsel in Schwung zu bringen. Weil die Cellulite eine massive Stoffwechselstörung ist, die nicht zuletzt durch falsche Ernährung entstanden ist, muß jede Vorbeugung gegen Cellulite und Fettpölsterchen folgerichtig bei der Ernährung beginnen.

An Stelle einer Zusammenfassung dieses Kapitels geben wir Ihnen eine kurze Übersicht über Nahrungsgruppen. Lesen Sie, was für Sie selbst und Ihre Gesundheit gut ist und was Sie meiden sollten, um die Orangenhaut in den Griff zu bekommen:

Cellulitefreundlich	**Cellulitefeindlich**
FLEISCH	
geräuchertes, gepökeltes Fleisch, Schweinefleisch	fettarmes Kalb-, Rind- und Geflügelfleisch
FISCH	
geräucherte Fische, in Salz oder Öl eingelegter Fisch	magere Fischsorten
MILCHPRODUKTE	
salzige, fettreiche Käsesorten	Buttermilch, Molke, Frischquark, fettarme Käsesorten
GETREIDE-/TEIGWAREN	
Stärkemehl, geschälter Reis, Teigwaren aus Feinmehl (Auszugsmehl), Weißbrot, süße und fette Backwaren	ungeschälter Reis, Hirse, Soja, Teigwaren aus Vollkornmehl, Vollkornbrot, Knäckebrot, Gebäck aus Vollkornmehl
GEMÜSE/SALATE	
Pommes frites, Kartoffelpuffer, gesalzene Gemüsekonserven	alle frischen Gemüse, Kartoffeln, frische Salate

Cellulitefreundlich	Cellulitefeindlich
OBST	
gezuckerte Obstkonserven, Marmeladen	alle frischen Obstsorten
ÖL/FETT	
Brat- und Backfette, Butterschmalz	kaltgepreßte Pflanzenfette, Reformhausmargarine
WÜRZMITTEL	
Salz, zuviel an Pfeffer, Paprika, Streugewürze allgemein	frische Kräuter, roher Knoblauch, Zwiebeln, Meerrettich

3. Bewegung

Orangenhaut und Fettpölsterchen sind per definitionem eigentlich Stoffwechselstörungen. Alles was in den Körper hineingelangt, wird entweder in Energie oder in andere lebenswichtige Bauelemente verwandelt.

Diese werden verbraucht oder umgewandelt und verlassen den Körper wieder, sei es als Atem (Kohlendioxyd, »verbrauchte Luft«), Schweiß, Kot oder Urin.
So steht es in den Bauplänen der Natur. Die Cellulite hingegen ist die Ausnahme, wenngleich sie weit verbreitet ist!

Bei der Cellulite hält der Körper Stoffwechselrestprodukte in seinen Fettzellen an Oberschenkel und Po zurück, anstatt sie über die dafür vorgesehenen Wege und Kanäle, insbesondere das Lymphsystem, wegzuschaffen.

Nachdem Sie einen ersten möglichen Grund hierfür, die falsche Ernährung, beseitigt haben, und bereits Entscheidendes im Kampf oder in der Vorbeugung gegen Cellulite getan haben, kommt nun der nächste Schritt: das aktive Entsorgen!
Und Entsorgen heißt Bewegung!

Pump mal wieder!

Im Kapitel über den Stoffwechsel wurde aufgezeigt, daß der aufrecht gehende Mensch eigentlich eine Fehlkonstruktion der Natur ist; auch im Hinblick auf den Antriebsmechanismus seines Stoffwechsels, das Herz.

Anders als bei fast allen anderen Wirbeltieren sitzt unser Herz an den verkehrten Stelle im Körper, nämlich zu hoch! Es schafft nicht genügend Druck, um unser Blut aus den Beinen in den Rumpf zurückzupumpen. Und anders als beispielsweise bei den Fröschen besitzen wir Menschen auch keine Lymphherzen, die uns beim Stoffwechsel behilflich sind und die Lymphe, das weiße Blut, auf Trab halten. Im gleichen Kapitel wurde auch gezeigt, daß wir statt dessen mit hochwirksamen Muskelpumpen ausgestattet sind. Bei jeder Bewegung sind diese Pumpen automatisch in Aktion und unterstützen so den ständigen Rückstrom des venösen Blutes und der Lymphe. Bewegung ist also ein wichtiger Bestandteil unseres Stoffwechsels, ohne den unser Körper nicht so funktionieren kann, wie er soll.

Was aber wäre, wenn ein Mensch vorsätzlich aufhören würde, sich zu bewegen! Ohne Bewegung läuft ja im wahrsten Sinn des Wortes nichts: Die Muskelpumpen bleiben unaktiv, und venöses Blut, Lymphe und Schlackestoffe würden im Gewebe der Füße und Beine versacken. Es wäre, als höre sein Herz auf zu schlagen, aber wer will schon haben, daß sein Herz stillsteht ...!

Betrachtet man auf der anderen Seite jedoch die Vielzahl der Fettpölsterchen-, Cellulite-, Krampfadern- und Ödemfälle, sollte man meinen, daß es doch eine ganze Reihe von Zeitgenossen gibt, die eine gewisse Bereitschaft haben, sich willentlich selbst zu verstümmeln. Wie viele dieser Fälle könnten harmlos oder ungeschehen sein, hätten sich die Betroffenen mehr bewegt oder öfter mal auf den Stöckelschuh zugunsten einer natürlichen Fußbekleidung verzichtet!

Für die Vorbeugung gegen Orangenhaut und auch zur Unterstützung der Therapie wird man an der Bewegung nicht vorbeikommen. In diesem Zusammenhang sollten Sie unter Bewegung jede körperliche Aktivität verstehen, die die wichtigen Muskelpumpen in den Beinen aktiviert – so wie Sie es bisher gelernt haben.

Ohne Bewegung läuft nichts

Fangen Sie am besten jetzt mit einer kleinen, vorbeugenden Übung an, jetzt während des Lesens dieser Seiten:

Strecken Sie ein Bein aus, drücken Sie die Knie durch, und beginnen Sie, die Füße abwechselnd auf sich zuzuziehen und wegzustrecken, anziehen und wegstrecken. ... Fassen Sie dabei einmal mit einer Hand unter Ihre Wade! Merken Sie, wie sich der Muskel bewegt? Das ist sie, die Wadenpumpe, das Herz unserer Entsorgung! Tragen Sie Sorge dafür, daß dieses Herz möglichst lange und oft schlägt.

Man kann diese Übung am Schreibtisch, im Auto oder zu Hause vor dem Fernsehgerät machen. Sie ist sehr effektiv, wenig anstrengend und noch weniger »störend«. Im folgenden Abschnitt werden Sie einige weitere Übungen kennenlernen, die genauso einfach sind. Bis dahin sollten Sie das »Wadenpumpen« schon so oft gemacht haben, daß es Ihnen in Fleisch und Blut übergegangen ist. Und damit diese kleine Gymnastik auch tatsächlich zum Bestandteil Ihres Alltags wird, empfiehlt es sich, sich eine Notiz am Arbeitsplatz, in der Küche oder Toilette zu machen. Diese Notiz soll Sie an Ihren Vorsatz erinnern und lautet:

»Pump mal wieder!«

Vorbeugen: je früher desto besser

Die beste Vorbeugung gegen Cellulite und Fettpölsterchen sind ausreichende körperliche Bewegung und disziplinierte, richtige Ernährung. Unter diesen Voraussetzungen haben die Fettzellen kaum die Chance, zu verschlacken und sich aufzublähen.
Mit dem Vorbeugen kann man nicht früh genug beginnen! Vor allem während der Pubertät sind Disziplin und maßvolle Zurückhaltung – vor allem in der Ernährung – besonders angebracht. Das geht nicht ohne Einsicht! Eines der pädagogischen Ziele der Eltern sollte also Gesundheits-, Bewegungs- und Ernährungsbewußtsein sein. Erst wenn sich das Vermitteln von Kenntnissen über physiologische Zusammenhänge, wie sie hier

beschrieben werden, in der Erziehung durchsetzt, wird der Teenie sich und seinen Erziehern als Twen keine Vorhaltungen zu machen brauchen.

Für die meisten Leser kommen die guten Ratschläge für die Vorbeugung wohl etwas verspätet. Sie »leiden« bereits unter Orangenhaut und suchen nach wirksamen Methoden, sie wieder loszuwerden. Spätestens ab dem zweiten Stadium, wenn die Orangenhaut bereits sichtbar wird, kommt man mit Ernährung und Bewegung alleine nicht viel weiter. Es muß Hilfe von außen herangezogen werden. Deshalb folgt im nächsten Kapitel eine Bestandsaufnahme der angebotenen Hilfen, und was man davon erwarten kann.

IX. Orangenhaut im Griff: So behandelt man richtig

Wer den Kampf gegen die Orangenhaut aufnimmt, sollte sich auf eine etwas länger andauernde Auseinandersetzung gefaßt machen. Die meisten Frauen probieren zuerst alle möglichen Methoden aus, suchen den Rat bei Freunden und Verwandten oder lesen in einer der Frauenzeitschriften, welche »neuentdeckte« Methode angeblich besonders wirksam sein soll.

Zur optimalen Orientierung erhalten Sie hier einen Überblick über gängige und weniger gängige Anti-Cellulite-Methoden. Vorab soll aber gesagt werden, daß keine dieser Methoden für sich alleine hundertprozentig wirksam ist; man bekommt unserer Erfahrung nach die Orangenhaut nur dann sicher und dauerhaft in den Griff, wenn kosmetische Methoden mit Bewegung und Ernährung kombiniert werden.

1. Kosmetische Präparate

Zu Beginn der Auseinandersetzung mit seiner Orangenhaut greift man meistens zuerst einmal zur Creme. Sogenannte Anti-Cellulite-Präparate sind Verkaufsschlager in Apotheken, Drogerien und Kosmetik-Instituten. Doch was da für die Instituts- und Heimbehandlung angeboten wird, unterscheidet sich nicht nur im Preis, sondern oft auch bezüglich seiner Konsistenz und seiner Wirkstoffe ganz erheblich.

Die Unterschiede beginnen bei der Konsistenz. Die Liste ist annähernd komplett und umfaßt die gesamte Palette kosmetischer Darreichungsformen: Neben Cremes in Dosen und Tuben werden flüssigere Lotionen und Emulsionen oder gelatine-artige Gels gehandelt. Weiter geht es mit dem altbewährten

Balsam, meist eine wasserfreie, schwere Fettcreme, und selbst Sticks, als Roll-on oder Wachs, oder Liquids in Ampullen sind verkaufsbewährt.

Die Darreichungsform hat mit der Wirksamkeit des Produktes jedoch noch lange nichts zu tun. Wichtig sind vielmehr die Inhaltsstoffe! Hier reicht die Palette von pflanzlichen Stoffen über Enzyme, von Seren und Extrakten tierischen Ursprungs über Proteine, Aminosäuren und Fette bis hin zu Alkoholen. So unterschiedlich wie die »Wirkstoffe« der Produkte ist dementsprechend auch ihre Wirksamkeit.

Sämtliche Anti-Cellulite-Präparate lassen sich zunächst in zwei Gruppen unterteilen: solche, die eher die Durchblutung anregen, und solche, die eine Steigerung des Lymphabflusses herbeiführen wollen.

Durchblutungsfördernde und nichtdurchblutungsfördernde Präparate

Merkmal der ersten Gruppe ist die Hautrötung und die Wärme. Mit ihren Histamin- oder Gerbsäureanteilen, mit ätherischen Ölen oder mit Stoffen tierischen Ursprungs, zum Beispiel Milz-Extrakten, reizen die Präparate die Haut und die darunterliegenden periphären Blutgefäße. Die feinen Kapillare weiten sich, nehmen vermehrt Sauerstoff auf, und es kommt zu einem stärkeren Einstrom von frischem, arteriellem, nährstoffreichem Blut.

Die Durchblutung erreicht ihren Höhepunkt, wenn die Präparate unter Verwendung mit Handschuhen aus grobem Sisal oder aus genopptem Kunststoff aufgetragen werden sollen. Hält man sich an die Anweisung mancher Lieferanten, läuft diese Selbst-Massage sogar auf eine starke Reizung der Hautoberfläche hinaus!

Mit dem eigentlichen Cellulite-Problem, nämlich der Verschlackung der Fettzellen, haben durchblutungssteigernde Maßnahmen jedoch nur wenig zu tun. Sie sind bestenfalls dazu geeignet, die Verbrennung und den Abbau von Depotfetten zu mobilisieren, kaum aber den Abtransport der Schlacken über das Lymphsystem.

Für diese Aufgabe eignen sich vielmehr die »sanften« Cremes und Emulsionen, die zunächst keine spektakuläre Rötung oder Erwärmung der Haut zur Folge haben. Die zumeist pflanzlichen Wirkstoff-Komplexe enthalten vielfach Extrakte aus Efeu, Arnika, Beinwell oder Ringelblumen. Deren Wirkstoffen sagt man nicht nur eine besondere Stimulierung der Haut, der Hauterneuerung und selbst Förderung der Wundheilung nach, sondern sie sollen auch positiv Einfluß auf die Gefäße der Entsorgung nehmen.

Wer sich für Präparate mit natürlich-pflanzlichen Inhaltsstoffen entscheidet, sollte auch Wert darauf legen, daß die Rohstoffe auf ihre Belastung durch Umweltgifte überprüft wurden. Die Häufigkeit von Allergien oder anderen Hautunverträglichkeiten, die in den Epikutan-Tests ermittelt werden, sind nicht selten darauf zurückzuführen, daß manche Inhaltsstoffe entsprechend verseucht sind. Bei den Giften ist eine ganze Palette – vom Dioxin über Schwermetalle bis hin zu den Herbiziden oder Pestiziden – möglich, auf deren Einsatz beim modernen Anbau in Monokultur selbst in den Kamillen-Plantagen Ägyptens oder den Aloe-Vera-Feldern New-Mexicos nicht verzichtet wird.

Nur selten gelangt es an die Öffentlichkeit, wenn Haut- oder Haarpflegemittel die zulässigen Belastungs-Höchstwerte überschreiten. Vor allem die Kosmetik Marke »Eigenbau« entzieht sich weitgehend der Überprüfung. Und was aus Gründen einer »gesünderen« Hautpflege mit viel Mühe und Fehlschlägen in der Küche zusammengekocht wird, ist im Vergleich zum Profi-Präparat nicht selten toxisch und eher das Gegenteil von dem, was man eigentlich beabsichtigt.

Wie man Präparate richtig aufträgt

Manche Lieferanten von sanften »Wirkstoff-Cremes« stellen die Schnelligkeit, mit der die Präparate in die Haut einziehen, so ein, daß sich das Produkt gut einmassieren läßt. Das hat Vorteile – vor allem dann, wenn die Massage nicht zufällig, »wild« oder kreuz und quer erfolgt, sondern mit sanftem Druck von »rumpffern« nach »rumpfnah«.

Vorteilhaft ist es, die Creme stets über die Leiste hinaus, in den unteren Bauchraum hinein, auszustreichen. Auch vom Gesäß her erfolgt die Massage über die Hüfte und über Leiste in den unteren Bauchraum hinein. Auf diese Weise werden die Wirkstoffe der Präparate nicht nur optimal einmassiert, sondern die Hautoberfläche wird auch sehr gut versorgt, und es erfolgt eine »Selbst-Drainage«: Mit sanftem Druck wird die Lymphe mobilisiert und in vorgegebener Richtung abdrainiert.

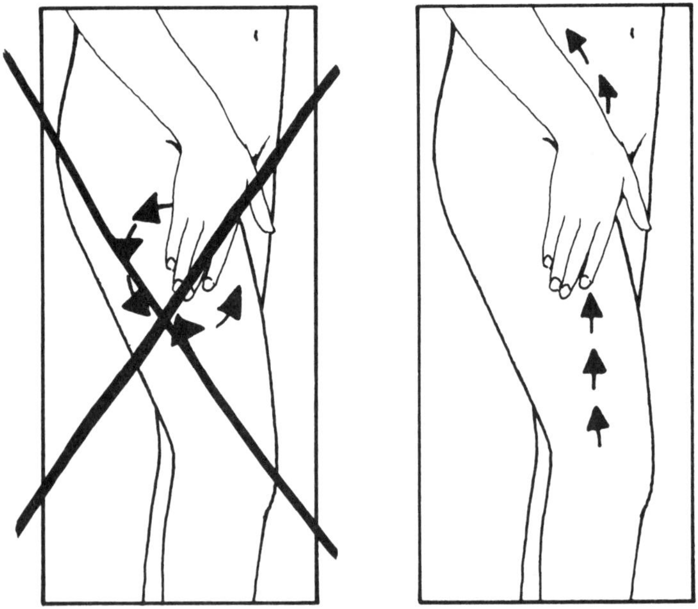

Starkes Reiben oder kratzende Massagehandschuhe reizen die Haut und fördern die Durchblutung. Der vermehrte Einstrom frischen Blutes bringt jedoch mehr Nährstoffe mit, die anschließend verbrannt werden müssen. Bei Cellulite ist deshalb sanftes Ausstreichen von geeigneten Cremes wesentlich sinnvoller und effektiver.

Liposome: der neuartige Wirkstoff-Turbo

In letzter Zeit macht ein ganz besonderer Wirkstoffzusatz von sich reden: das *Liposom*. Es handelt sich um eine Art chemischer Tarnkappe. Sie besteht aus derselben chemischen Zusammensetzung wie die Hüllen der Zellen im Organismus – aus einer Verbindung von Phosphor und Fett. Die elektrische Ladung dieser Moleküle ist allerdings der Ladung der Zellwände genau entgegengesetzt.

Diese Verbindung wird in einem reichlich aufwendigen Prozeß chemotechnisch um die Moleküle der kosmetischen Inhaltsstoffe herumgelegt.

Sobald das Präparat Hautkontakt bekommt, entsteht ein »Ladungsgefälle«, und das Liposom wird – sofern es nicht zu groß ist, die technischen Voraussetzungen stimmen und der Bio-Chemiker gewissenhaft gearbeitet hat – zusammen mit den darin eingeschlossenen Wirkstoffen durch die Haut hindurch von den Zellen angezogen. Jetzt kommt es zu einer Verschmelzung von Liposom und Zellwand, wobei die Wirkstoffe in die Zellen eindringen können.

Mit solchen Hilfsmitteln ist man theoretisch in der Lage, die bevorzugten Inhaltsstoffe ausreichend tief in die Haut einzuschleusen. Hierdurch gewinnt die präparative Kosmetik und auch die Cellulite-Behandlung eine neue Bedeutung. Für die präparative Behandlung der Orangenhaut, das Entstauen der Schlackestoffe und die Mobilisierung der Lymphe ist eine gute darauf ausgerichtete Creme oft ausreichend; zudem birgt diese neue Technologie noch weitere Perspektiven, die als flankierende Maßnahmen nicht unterschätzt werden sollten. So gibt es mittlerweile Kompositionen, deren Inhaltsstoffe die intra-zelluläre Verbrennung von »Depotfetten« aktivieren können. Dies kann eine bequeme und einfach zu praktizierende Methode sein, die lästigen Fettpölsterchen loszuwerden, die die Cellulite häufig begleiten.

Das Ziel: Nachdem die Depotfette verbrannt sind, bleiben Stoffwechselschlacken übrig; diese sind lymphpflichtig und können über lymphfluß-aktivierende Maßnahmen abdrainiert werden.

High-Tech und High-Care

Andere Produkte bedienen sich tierischer Seren wie Thymus- oder Hautextrakten, die in Liposomen verkapselt werden und zum Beispiel auf das Bindegewebe Einfluß nehmen. So scheint es möglich, mit Hilfe neuartiger Wirkstoff-Komplexe die sogenannten Collagenasen und Elastinasen zu stimulieren, – also diejenigen Enzyme, die für die Aktivität der Zellteilung der Bindegewebsfasern Collagen und Elastin verantwortlich sind.

Solche »fibro-stimulierenden« Substanzen sind zu Beginn der neunziger Jahre eine Revolution der Kosmetik. Mit Recht spricht man von einem »Bio-Lifting«, das nicht nur eine gut sichtbare Straffung erschlaffter Haut im Gesichts- und Décolleté-Bereich herbeizuführen scheint, sondern auch eine großflächige Verbesserung des Bindegewebes zum Beispiel an den Oberschenkeln. Hierdurch könnte die Effektivität der Muskelpumpe gefördert werden, was gerade der Orangenhaut optimal entgegenwirken würde.

Hochqualifizierte Inhaltsstoffe, in Liposomen verkapselt, stellen als eine Art biologische oder kosmetologische »High-Tech« eine ganz neuartige und scheinbar gut wirksame Ergänzung zum »sanften« Anti-Cellulite-Präparat dar. Man erhält diese Produkte im beratenden Fachhandel, meistens in gut geführten Kosmetik-Instituten, deren Fachkräfte nicht nur eine solide Ausbildung genossen haben, sondern sich auch ständig weiterbilden. Auf eine solide und fundierte Beratung durch diese Spezialisten sollte man nicht verzichten.

Trotz der enormen Fortschritte der präparativen Kosmetik sollte man nicht vergessen: Von Präparaten alleine wird sich manche Orangenhaut, besonders die reifere, kaum einschüchtern lassen. Cremes und Sticks, Lotionen und Gels sind in erster Linie ein Hilfsmittel, den Abtransport der abgelagerten Schlackestoffe vorzubereiten und ein günstiges Umfeld für den notwendigen Lymphfluß zu schaffen. Nach erfolgter Therapie können dann die Präparate helfen, die Rückkehr der Orangenhaut möglichst lange hinauszuzögern.

Unterstützen Sie den Abbau der Orangenhaut unbedingt durch richtige Ernährung; trinken Sie ausreichend, um den Lymphfluß auf Trab zu halten, und essen Sie adäquat, ohne den Organismus mit überschüssigen Nähr- oder Schlackestoffen zu belasten. Nebst all diesen Hilfsmitteln kommt es für die Therapie jedoch nach wie vor darauf an, zunächst einmal mit Druck und sanfter Massage von außen auf die Lymphgefäße einzuwirken: Versuchen Sie es mit der Muskelpumpe bei jeder Bewegung und mit Ihren Fingerspitzen, wenn Sie das kosmetische Präparat auftragen. Eine gute Methode ist auch die gezielte Gymnastik, das Bodybuilding oder Fitneß-Training.

2. »Bewegungstherapie«

Vor allem jüngere Frauen möchten die Orangenhaut mit Spezialgymnastik oder Bodybuilding in den Griff bekommen. Viele glauben, gerade im Anfangsstadium noch ohne flankierende Präparate auszukommen. So sind sie stets auf der Suche, nach der »richtigen« Übung und der »wirksamen« Gymnastik.

Aus Sicht des Körpers ist zunächst einmal jede Form der körperlichen Bewegung wichtig. Halten wir uns noch einmal vor Augen, was die Orangenhaut aus physiologischer Sicht, also aus der Sicht des Körpers selbst, ist: verschlackte Fettzellen, in denen lymphpflichtige Lasten abgelagert sind. Der Grund, weshalb der Stoffwechsel-Müll nicht ausreichend abtransportiert worden ist, liegt in der unzureichenden Muskelpumpentätigkeit. Die Ursache hierfür ist meist mangelnde Bewegung! Das ist – unabhängig von zusätzlichen Faktoren – bei den meisten Betroffenen der Fall.

Besonders gefährdet ist, wer im Büro arbeitet und acht Stunden täglich sitzt, oder wer sich zum Beispiel als Verkäuferin sehr monoton bewegt und unter Umständen auch noch Schuhe mit hohen Absätzen trägt oder tragen muß.

Für diejenigen, die sich dieser Gruppe zurechnen können, ist jede Form von Bewegung wichtig. Ihr Körper braucht die Muskeltätigkeit so dringend wie ausreichend Flüssigkeit! Beginnen Sie deshalb sofort! Schlagen Sie nochmals das Kapitel »Ohne Bewegung läuft nichts« auf, und lesen Sie dort die kleine Bein-Übung. Machen Sie diese Übung, während Sie die nächsten Seiten lesen!

Man kann Gymnastik alleine oder mit anderen betreiben. An der ersten Form kommt wohl niemand vorbei, aber die zweite Form macht mehr Spaß! Bedenken Sie stets: Alles, was Sie tun, tun Sie für sich selbst. Es ist Ihr Körper, mit dem Sie leben; sorgen Sie dafür, daß Sie es möglichst lang tun, und halten Sie sich fit. Außerdem steigert das Wissen, daß man auch körperlich leistungsfähig und so attraktiv ist, wie es eben geht, das Selbstvertrauen.

»Schöne Grüße, Deine Beine«

Die meisten Bewegungen sind die typischen Alltagsbewegungen Heben, Drücken, Ziehen und Gehen. Die ersten drei sind eine Angelegenheit hauptsächlich für die Arme und die Rükkenmuskulatur. Für das Entsorgungs- und Lymphsystem ist viel wichtiger, was man mit den Beinen macht. Gehen alleine reicht jedoch nur selten aus!

Die wichtigen Muskelpumpen der Füße, der Sprunggelenke, der Waden und der Oberschenkel funktionieren beim Gehen nur, wenn wir auf einem natürlichen Untergrund und am besten barfuß gehen. Wie wenig man das gewohnt ist, weiß jeder, der von einem barfuß unternommenen, ausgedehnten Strandspaziergang Muskelkater bekommt.

Doch man kann seine Muskelpumpen auch im Alltag fit halten! Die einfache Formel dafür heißt:

Nutzen Sie alle Gelegenheiten, sich zu bewegen!

Eine Gelegenheit bietet zum Beispiel die Treppe neben dem Aufzug. Treppensteigen ist ein hervorragendes Training für die Wadenmuskeln und somit eine sehr gute Übung nicht nur gegen Orangenhaut, sondern auch gegen Krampfadern und geschwollene Füße. Als »Bonbon« können Sie auch noch Zeit gewinnen, denn auf viele Aufzüge muß man so lange warten, daß man zu Fuß oft schneller ist.

Wippen nicht vergessen

Eine andere Gelegenheit, in Sachen Entsorgung und Abbau von Schlackedepots aktiv zu werden, ist das tägliche Zähneputzen. Mindestens drei Minuten stehen Sie vor dem Spiegel – drei Minuten, die Sie nutzen könnten, etwas gegen Orangenhaut zu tun.

Wippen – aktiver Abbau von Schlackestoffen

Wippen Sie! Wiegen Sie Ihren Körper von einem Fuß auf den anderen. Strecken Sie die Fußspitzen, soweit es geht! Zur Lockerung können Sie zwischendurch einige Sekunden auf der Stelle laufen. Und auch hierbei sollten Sie sich mit jedem »Schritt« soweit wie möglich vom Boden abstoßen.

Wer sich diese Übung schon in jungen Jahren zur Lebensgewohnheit macht und regelmäßig einige Minuten täglich durchführt, hat damit einen gut funktionierenden Schutz vor Orangenhaut und auch vor Krampfadern und anderen Beinleiden. Natürlich können Sie diese Übung nicht nur im Badezimmmer machen. Probieren Sie sie überall aus! Wippen Sie sich und Ihre Beine gesund! Damit Sie daran denken, die Übung auch tatsächlich zu machen, empfehlen sich Aufkleber auf Spiegel oder Fliesen, oder schreiben Sie es mit dem Lippenstift: »Schöne Grüße, Deine Beine ...«

Wippen, Treppensteigen und Fußdehnen, wo immer es geht, sollten jedem, der den Kampf gegen Orangenhaut ernst nimmt, im Laufe der Zeit in Fleisch und Blut übergehen. Je eher, desto besser. Ohne ausreichende Beinbewegung sind Orangenhaut und Beinleiden vorprogrammiert. Natürlich gibt es eine Menge weiterer Übungen, die genauso effektiv sind und die Muskelpumpe aktivieren. Zum Beispiel:

Kniebeugen

Wenn Sie sich über die kleine Beinübung und das Wippen hinaus täglich einige Minuten Zeit für Ihre Gesundheit nehmen wollen, können oder müssen, dann machen Sie Kniebeugen.

Gehen Sie dabei bitte nicht bis hinunter in die Hocke, sondern nur soweit, bis Ihr Gesäß in Höhe Ihrer Knie ist! Es ist zwar etwas anstrengender, wieder hochzukommen, dafür ist es aber auch effektiver und schont Ihre Gelenke. Die Füße stehen bei der Kniebeuge gespreizt auseinander; die Fersen bleiben auf dem Boden.

Kniebeugen – So aktivieren Sie Ihre Muskelpumpe!

Beginnen Sie langsam! Machen Sie lieber weniger Übungen, aber dafür »sauber« ausgeführte. Genießen Sie, wie Ihre Muskeln in den Waden und Oberschenkeln arbeiten! Von Tag zu Tag und von Woche zu Woche können Sie die Anzahl der Übungen dezent steigern. Aber übertreiben Sie nicht! Viel wichtiger als heute 30 Kniebeugen zu schaffen, ist es, daß Sie Spaß an der Bewegung gewinnen, ihren Sinn einsehen und die Übungen auch morgen noch machen!

Auf dem Rücken Radfahren

Das ist eine andere Übung, bei der Sie alle Muskelpumpen der unteren Extremitäten aktivieren können.

Hinzu kommt, daß durch die Rückenlage Lymphflüssigkeit und venöses Blut mit Unterstützung der Schwerkraft in den Rumpf abfließen können. Man kann die Hüfte mit seinen Händen ruhig abstützen. Wichtig ist, daß sich die Beine bewegen.

Die Wirksamkeit dieser Gymnastik kann man steigern, indem man beim »Radfahren« zusätzlich die Füße anzieht und streckt. Damit bekommt man auch akut gestaute, müde Füße schnell wieder flott.

Auf dem Rücken radfahren – So bekommt man auch müde Füße wieder flott!

Wenn Sie anschließend wieder mit beiden Füßen auf festem Boden stehen, empfiehlt sich eine Zwischendurch-Übung:

Rumpfbeuge

Versuchen Sie, im Stehen mit den Fingerspitzen bei durchgedrückten Knien den Boden zu erreichen. Bewegen Sie sich dabei gemächlich. Wenn Sie wieder hochkommen, lassen Sie die Arme ausgestreckt, und biegen Sie Ihren Körper in die andere Richtung. Wie tief können Sie hinter sich gucken?
Immer wenn Sie nach unten gehen, atmen Sie aus; wenn Sie unten sind, verweilen Sie ein paar Sekunden, ohne einzuatmen; wenn sich Ihr Körper dann langsam wieder öffnet und Sie nach oben gehen, dann atmen Sie wieder ein. Denken Sie daran, daß Sie mit jedem Atemzug Energie in sich aufsaugen, Energie für Ihren Kampf gegen die Orangenhaut.

Rumpfbeuge

Bestimmt reicht diese Energie noch für eine weitere kleine Übung, die wiederum die Muskelpumpen aktiviert:

Knie gegen die Brust

Versuchen Sie, wie weit Sie heute kommen!

Sie stehen auf einem Bein; das andere ist angewinkelt und so hochgezogen, wie es geht.
Diese Übung kann man mit Schwung machen – von einem Bein auf das andere; dann kommt fast jeder mit den Knien bis zur Brust. Besser und effektiver ist es, Schwung zu nehmen; doch auf ein und demselben Bein stehen bleiben! Das andere Bein berührt den Boden erst dann wieder, nachdem Sie fünfmal versucht haben, das Knie so hoch wie möglich zu ziehen.

Mit dieser Gymnastik stärkt man gleichzeitig die Muskulatur der Oberschenkel. Auf Dauer erreicht man hiermit auch einen natürlichen Muskelzuwachs und eine straffere Haut.

Knie gegen die Brust – So stärken Sie auch Ihre Oberschenkelmuskeln!

Nicht mehr als fünf Minuten täglich

Übungen wie diese können Sie jederzeit zu Hause machen; Sie brauchen nur zu wollen und anzufangen. Zeitlich benötigen Sie für das gesamte Programm inklusive Kniebeugen, Radfahren, Rumpfbeuge und Knie-auf-die-Brust kaum länger als fünf Minuten! Wenn man gesund ist, gibt es also nur zwei Gründe, diese tägliche Krankheitsvorsorge nicht zu machen: Vergessen oder Unlust. Was gegen Vergessen hilft, wissen Sie – Stichwort: Aufkleber! Und Sie sind sicherlich erfinderisch genug, sich etwas einfallen zu lassen, wie Sie das »keine-Lust-Problem« lösen; am besten durch Belohnungen. Wer es dennoch nicht schafft, sich fünf Minuten täglich für seine Gesundheit zu engagieren, dem bleibt wohl nichts anderes übrig, als sich zu zwingen. Es liegt schließlich alles nur an einem selbst! Fragen Sie sich, warum Sie keine Lust haben. Ist es der vielzitierte »innere Schweinehund«? Ist es Faulheit? Oder ist Ihnen Ihre Gesundheit so wenig wert, weniger als fünf Minuten täglich?

Der Gesundheitsvertrag

Sie sehen also ein, daß es für Sie nur Vorteile bringt, die Orangenhaut und drohende Beinleiden in den Griff zu bekommen, dann also los! Besiegen Sie Ihren »inneren Schweinehund«, und schließen Sie mit sich selbst den »Gesundheitsvertrag«: Nehmen Sie einen Kugelschreiber und ein Blatt Papier, oder benutzen Sie den hier vorformulierten Vertrag, und füllen Sie ihn aus.

Und das ist Ihr Vertragstext:

Herr/Frau ....
(tragen Sie hier Ihren Namen ein)

vereinbart mit Herrn/Frau ....
(tragen Sie hier nochmals Ihren Namen oder den Ihres Vertragspartners ein),
ab heute mehr auf die Gesundheit zu achten. Insbesondere wird versucht, die Orangenhaut in den Griff zu bekommen. Aus diesem Grund beschließen die Vertragspartner, ab heute mindestens fünf Minuten Beingymnastik täglich zu machen. Auf diese tägliche Gymnastik kann ab heute nicht mehr verzichtet werden. Aufschub von einem Tag auf einen anderen ist nicht erlaubt, es sei denn,

Herr/Frau ....
(tragen Sie hier Ihren Namen ein)
ist krank und bettlägrig.

....
Ort/Datum

1. Unterschrift: Herr/Frau ....
   (Sie selbst)

2. Unterschrift: Herr/Frau ....
   (Ihr Vertragspartner)

Wenn Sie diesen Vertrag abgeschrieben haben, dürfen Sie ihn auf gar keinen Fall verlegen. Deponieren Sie ihn vielmehr dort, wo Sie immer wieder darauf gucken, zum Beispiel im Portemonnaie oder in der Handtasche. Und vergessen Sie nicht: Verträge muß man halten; erst recht, wenn man sie mit sich selber macht!

3. Spielsport – Fitneß – Bodybuilding

Mehr Spaß in der Gruppe

Wer den Gesundheitsvertrag geschlossen hat, kann seine Gymnastik natürlich auch im Sport- oder Fitneß-Studio durchführen. Das macht mehr Spaß, denn im Studio trifft man auf Gleichgesinnte. In den meisten Fitneß-Einrichtungen kann man mit Hilfe von Geräten auch eine Menge weiterer Übungen machen. Solche Gerätschaften können einen zusätzlich motivieren und physiologisch die Muskelpumpen sehr erfolgreich mobilisieren.

Fitneß während der Arbeitszeit

In letzter Zeit bieten auch immer mehr Arbeitsstätten ihren Mitarbeitern Fitneß-Einrichtungen an. So kann man seinen Körper während der Arbeitszeit oder in den Pausen in Bewegung halten. Wenn man als Angestellte(r) Einfluß auf die Ausrüstung des neuen »Fitneß-Raums« nehmen kann, legen Sie Wert darauf, daß ausreichend Bein-Konditionierer dabei sind – vor allem solche, mit denen das Training spannend ist und Freude macht!

Fitneß-Training und Aerobic

Daß Fitneß »in« ist, erkennen auch die Sportvereine. Deshalb richten auch sie häufig Fitneß-Räume für ihre Mitglieder und deren Angehörigen ein, die einem professionell geführten Fitneß-Studio oft in kaum etwas nachstehen. Auf diese Weise werden zahlreiche Mitglieder, die ihr Vereinsdasein eher als »Karteileiche« geführt haben, für das aktive Vereinsleben »wiederbelebt«. Wer das bevorzugt, kann seinen Gesundheitsvertrag also auch im Verein in geselliger Runde erfüllen.

Neben dem Fitneß-Engagement auf Betriebs- und Vereinsebene findet der überwiegende Teil des Trimmtrainings in den professionell geführten Fitneß-Studios statt. Diese übertreffen sich gegenseitig mit immer ausgeklügelteren, computergesteuerten Gerätschaften und Aktiv-Programmen. Ein großer Vorteil der kommerziellen Einrichtungen ist der *Trainer*, der sein Handwerk gelernt hat und in der Lage ist, optimal zu beraten und ständig zu motivieren.

Nutzen Sie in den Instituten vor allem die *Ruder-*, *Treppen-* und *Kletter-Maschinen* und die sogenannten *Fahrrad-Ergometer*. Unter den unzähligen Fitneß-Geräten sind sie für die Bekämpfung der Orangenhaut am besten geeignet. Doch auch der altgediente *Bein-Curler* aus den frühen Tagen des Bodybuildings eignet sich ausgezeichnet für unsere Übungen.

Wer regelmäßig ins Fitneß-Studio geht, tut schon recht viel für seine Gesundheit und gegen die Orangenhaut. Wer regelmäßig an den Fitneß-Geräten »arbeitet«, sollte dann auch das Laufband oder das Joggen im Freien nicht vernachlässigen. Wenn das Laufband sauber ist, schadet es übrigens nicht, wenn Sie barfuß laufen ...!

Auf Ausdauer und auf das Aktivieren möglichst vieler Muskeln zielt vor allem auch *Aerobic*. Auch wenn es vielerorts schon wieder »out« ist: Unterschätzen Sie die Tatsache nicht, daß diese Gymnastik überaus gesundheitsfördernd ist!

Als Aerobic vor einigen Jahren modern wurde, glaubten viele, sie würden hierin die Antwort auf all ihre Figurprobleme finden! Scharenweise rannten Frauen in die Studios, doch die Wunder blieben aus! Weder Fitneß-Training noch Aerobic, noch Spezialgymnastik werden eine Orangenhaut im dritten Stadium innerhalb von ein oder zwei Wochen in ein erstes Stadium zurückverwandeln können!

Bindegewebe und Bewegung

Bewegung ist die Voraussetzung für Gesundheit und für eine gute Figur! Deshalb können Sie auf Bewegung nicht verzichten.

Als einzige Therapie reicht die Bewegung jedoch nicht immer aus – vor allem dann nicht, wenn das Bindegewebe sehr schlaff ist! Wie Sie in dem Kapitel über die Physiologie und Funktion des Bindegewebes gelesen haben, ist das erschlaffte Gewebe meistens das Werk von zu vielen weiblichen Geschlechtshormonen. In diesem Fall – Sie erinnern sich – verpufft der Muskelpumpendruck durch die oberen Hautschichten, ohne genügend Druck auf die Gefäße, vor allem die Lymphkanäle, ausüben zu können.

Es gibt jedoch eine Methode, den Muskeldruck, der beim An- und Entspannen eines Muskels entsteht, auch bei erschlafftem Bindegewebe gegen die Blut- und Lymphgefäße zu lenken. Gemeint ist hier das »künstliche Bindegewebe«, der *Kompressionsstrumpf*. Er wird über Füße, Waden und manchmal auch über die Oberschenkel gestülpt und ist bis zu einem bestimmten Grad recht wirksam. Der Muskelpumpendruck wird in die Extremität, das Bein, zurückgedrückt.

Kompressionsstrumpf: mit künstlichem Bindegewebe trainieren

Diese Methode wendet man bisher vor allem bei ödematös geschwollenem Gewebe an, bei bestimmten Krampfadern und beim »offenen Bein«. Manchmal hilft man sich auch bei einer Schwangerschaft mit Kompressionsstrümpfen, wenn sich aufgrund des veränderten Hormonspiegels die Beine mit Gewebswasser vollzusaugen scheinen.

Doch Kompressionsstrümpfe oder -strumpfhosen haben auch Nachteile! Sie sind recht teuer und müssen vom Orthopäden vermessen und beim Hersteller individuell angefertigt werden. Außerdem kann sich der Organismus an das künstliche Bindegewebe gewöhnen! So haben zum Beispiel zahlreiche Personen venöse Abflußschwierigkeiten und zellulitäre Ablagerungen, weil sie über Monate und Jahre hinweg stets hautenge Jeans getragen haben.

Gehen Sie also verantwortlich mit Kompressionsbandagen um. Sie können mit deren Hilfe die Muskelpumpe optimal ausbeuten, doch wer des Guten zuviel tut, bei dem kann die Hilfe auch ins Gegenteil umschlagen. Wenn man Kompressionsbandagen oder -strümpfe verwendet, muß der Zustand der Beine und Gefäße regelmäßig von einem Facharzt für Gefäßerkrankungen oder von einem Orthopäden kontrolliert werden.

4. Massage

Eine weitere Methode, die Muskelpumpe und den Abfluß auf Trab zu bringen, ist die Massage. Vor allem die sogenannte *Lymphdrainage* eignet sich sehr gut. Sie wurde in der ersten Hälfte des 20. Jahrhunderts von dem dänischen Biologen Dr. Emil Vodder für die Kosmetik entwickelt. Erst später wurde diese kosmetische Massage auch von der medizinisch-physikalischen Therapie übernommen.

Mittlerweile ist die Lymphdrainage in Mitteleuropa eine anerkannte Form der Massage, die in manchen Kliniken, in Massage-Praxen und auf Schönheitsfarmen sowie in Kosmetik- und Fitneß-Studios durchgeführt wird. Es gibt jedoch je nach Einsatzgebiet recht unterschiedliche Methoden der Durchführung.

Neben den bekannteren Massage-Griffen, dem Hacken, Kneten, Schütteln, Klopfen und Walken, ist die *Lymphdrainage* ein Streichen mit sehr sanftem Druck. Mit ihren schwimmenden und kreisenden Bewegungen reicht die Kraft dieser Spezial-Massage gerade aus, um die Lymphe unter der Haut zu mobilisieren und um sie dabei langsam und sanft durch ihre Kanäle in den Rumpf zurückzudrücken.

Lymphdrainage: streichend Schlacken wegmassieren

Gegen Orangenhaut ist diese Therapie optimal. Die Ablagerungen in den Fettzellen sind ja lymphpflichtig, und welche Methode könnte sie präziser bekämpfen als die Aktivierung des lymphatischen Systems mit einer Lymphdrainage! Der Nachteil der manuellen Lymphdrainage: Sie wird gegen Orangenhaut kaum angeboten. Lymphtherapeuten, die ihr Handwerk gelernt haben, sind gefragte Spezialisten, von denen es leider viel zu wenige gibt! Sie werden für die Behandlung von anerkannten Erkrankungen gebraucht, zum Beispiel zur Therapie von venösen Ödemen oder von Ödemen infolge chirurgischer Eingriffe, etwa nach einer Brustamputation. Selbst wenn man jemanden gefunden hat, der die Behandlung qualifiziert durchführen kann, ist man noch lange nicht geheilt; selbst ein Profi braucht so viele Sitzungen, daß die gesamte Behandlung sehr lange dauert und dementsprechend teuer wird. Kein Wunder, wenn man versucht, die Lymphdrainage mit Apparaten durchzuführen. Doch davon später (vgl. S. 114) mehr.

Manchmal wird die sanfte Lymphdrainage allerdings mit sehr heftigen Griffen kombiniert; dann versucht der Therapeut, Fettzellen, die miteinander verklumpt sind, aufzubrechen. Das wird immer dann nötig, wenn im Ansatz schon eine sogenannte *Reiterhose* vorhanden ist, bei der sich eine Gruppe von Fettzellen untereinander mit einer gallertartigen Membran verkapselt hat. Neben der manuellen Lymphdrainage, die man mit Hilfe der »sanften« Anti-Cellulite-Cremes auch zu Hause und selbst unterstützen kann, eignen sich andere Massageformen zur entschlackenden und entstauenden Cellulite-Therapie weniger.

Body-Wrapping: mit Aroma und Druck gegen Cellulite

Sehr erfolgreich wird in den letzten Jahren auch das Body-Wrapping eingesetzt. Diese Methode kommt aus den USA. Es handelt sich um eine Kombination aus Aromatherapie und Kompressionsbandagierung. Zunächst wird eine spezielle Creme aufgetragen. Sie enthält hochdosierte Aromaessenzen, z. B. Zimtöl. Hierdurch wird der Fettstoffwechsel aktiviert und Energie freigesetzt. Gleichzeitig werden die Problemzonen mit einer speziellen Folie bandagiert. So wird ein Kompressionsdruck auf Füße, Beine, Po und Brust ausgeübt. Dieser Druck wirkt auch auf die Lymphgefäße; die Lymphklappen öffnen sich und Gewebeflüssigkeit und Schlackestoffe können mit Hilfe der freigesetzten Energie in den Rumpf entweichen.

Das Body-Wrapping bewirkt eine besonders schnelle Umfangreduzierung. Manche Kosmetikinstitute garantieren sogar einen Verlust von ein bis zwei Konfektionsgrößen. Es sollte jedoch darauf geachtet werden, daß die Anbieter gut geschult sind und ihre Qualifikation durch ein entsprechendes Zertifikat nachweisen können.

5. Apparative Methoden

Viele Kosmetik- und Fitneß-Institute, Spezialpraxen für Cellulite-Behandlung und zum Teil sogar Sonnenstudios bieten gegen Orangenhaut neben Präparaten und manuellen Therapien auch die Behandlung mit Apparaten an.

Wer sich in den Instituten umschaut, stellt fest, daß sich die jeweiligen Geräte recht stark voneinander unterscheiden. Wem die Orientierung schwerfällt, der sollte sich nur mit Hilfe der physiologischen Sachkenntnis oder einer entsprechenden Beratung für eine Behandlungskur entscheiden.

»Tiefen«-Wärme

Ein vor Jahren weitverbreitetes Behandlungsangebot war die sogenannte »Tiefen«-Wärme. Dabei werden Gummi-Bandagen um Oberschenkel, Po und Bauch gewickelt. In diesen Bandagen glühen Heizdrähte, die auf die Haut eine Temperatur von 40 Grad und mehr ausstrahlen.

Solche Behandlungen dauern circa eine Stunde und finden im Liegen statt. Meistens werden die Behandlungen als Zehner-Abonnement angeboten.

Nach dem anschließend notwendigen Duschbad darf man nicht vergessen, mindestens eine Feuchtigkeitscreme – besser sogar eine nährende Creme – aufzutragen!

Die Wärme der Bandagen soll in den Organismus eindringen und den Stoffwechsel aktivieren. Tatsächlich schützt sich der Organismus jedoch vor hohen Außentemperaturen, indem er vermehrt Wasser beziehungsweise Schweiß produziert; der Schweiß verdunstet auf der Hautoberfläche und kühlt dabei die Hauttemperatur ab. Aufgrund des hohen Flüssigkeitsverlustes der »Tiefen«-Wärme haben die Behandelten nach einer solchen Sitzung zwar schnell einmal zwei, drei Zentimeter Umfang weniger; spätestens am nächsten Tag sind sie jedoch wieder drauf.

Lasern

Eine weitverbreitete Behandlungsmethode ist das *Lasern.* Denken Sie jetzt bitte nicht an Weltraum-Abenteuer, an Laser in der Industrie oder an das Laser-Skalpell der Chirurgie! Der Laser der Kosmetik und physikalischen Therapie ist »nur« ein Bestrahlungsgerät, das eine besondere Form des Lichts – ein auf einer einzigen Wellenlänge schwingendes Laserlicht – auf die Haut schickt. Das Laserlicht dringt schmerzlos einige Millimeter tief ein und »schaufelt« auf diese Art zusätzliche Energie in das Gewebe.

Laserakupunktur: nur etwas für Spezialisten

Gegen Cellulite, Fettpölsterchen, aber auch gegen eine Vielzahl anderer Befindlichkeitsstörungen und Beschwerden eignet sich diese Behandlung nur in Form einer schmerzlosen Akupunktur. Diese wiederum kann allein von Therapeuten durchgeführt werden, die sich auskennen und präzise geschult sind. So werden mit dem Laser bestimmte Akupunktur-Punkte bestrahlt, die den Stoffwechsel aktivieren und einen besseren Lymphfluß vorbereiten. Die Laserakupunktur erreicht ihre Ergebnisse also über die Stimulation der beteiligten Organe; im Fall der Cellulite sind es unter anderem Dick- und Dünndarm, Nieren, Leber, Milz, Schild- und Thymusdrüse.

Im Unterschied zur Laserakupunktur führt die *Flächenbestrahlung mit dem Laser*, gleich, ob mit dem sichtbaren Licht des Helium-Neon-Lasers oder dem unsichtbaren Infrarot, kaum zu nennenswerten Ergebnissen. Zwar wird der Organismus nachweislich mit zusätzlicher Energie versorgt, und frische Wunden oder bestimmte Dermatosen heilen schneller; doch gegen Orangenhaut und Fettpölsterchen bleibt die Flächenbestrahlung alleine ohne zufriedenstellenden Erfolg (siehe auch gegenüberliegende Abbildung zu den Wellenlängen des Lichts).

Passive Gymnastik durch Reizstrom-Behandlung

Neben den Licht- oder Wärmestrahlen wird gegen Orangenhaut auch der elektrische Strom – besser *Reizstrom* genannt – eingesetzt. Schon in den zwanziger Jahren begann man, Menschen mit Stromimpulsen zu behandeln. Die Elektrizität eignet sich in Medizin und Kosmetik dazu, Nerven und Muskeln zu reizen. Der Reizstrom bringt den Muskel dazu, daß er sich präzise an- und entspannt. In der Kosmetik nennt man dies »passive Gymnastik«.

In den letzten Jahren wurden moderne, computergesteuerte Reizstrom-Geräte entwickelt, die die Muskelstimulation genau berechnen. Die Behandlungen laufen nach einem vorprogrammierten Schema ab, was zu einer Straffung der Haut von innen heraus führt. Die Muskeln werden wie bei einer richtigen Gymnastik aufgebaut, Depotfette und Nährstoffreserven werden zum Teil aufgezehrt und umgewandelt.

Hautstraffung per Computer

Diese Form der Behandlung erfordert Durchhaltevermögen – mit einer einzigen Behandlung ist es nicht getan! Meistens werden zwischen 10 und 15 Behandlungen im Block angeboten. Eine Behandlung selbst dauert zwischen 40 Minuten und einer Stunde. Die Elektroden werden mittels Gummibändern oder ähnlichem an Beinen, Hüfte und Bauch befestigt; hierbei ist man entkleidet.

Zur Vorbereitung auf die Orangenhaut-Behandlung und zum Abbau von Fettpölsterchen ist der Reizstrom also geeignet. Gegen abgelagerte Schlackestoffe, die Cellulite, eignet sich das Reizstrom-Toning jedoch bestenfalls nur bei leichten Stadien. Das hängt aber nicht zuletzt von den jeweiligen Geräten und deren Stromformen ab. Allein die computergesteuerten Geräte sind in der Lage, Reizstromwellen und Impulsformen zu produzieren, die als Programm ablaufen und selbst das letzte Quentchen Muskelpumpe noch ausnutzen. Diese Geräte sind jedoch sehr aufwendig.

Eine besondere Form der Reizstrombehandlung ist die sogenannte *Lipolyse* oder *Cellulipolyse*. Es handelt sich um extrem »schnelle« Ströme, bei denen bis zu einer Million Impulse pro Sekunde verabreicht werden. Die Applikation erfolgt oftmals mit Hilfe von langen Nadelelektroden. Diese werden mitten in das tiefliegende Fettgewebe gesetzt. Aus diesem Grund wird die Lipolyse eher im medizinischen Bereich als in der Kosmetik durchgeführt.

Lymphdrainage mit Druckwellen

Weder mit Strom noch mit Wärme, sondern mit Druck funktioniert die *mechanische Lymphdrainage*. Hierbei werden Manschetten um Füße, Beine, Hüfte oder Bauch und Arme gelegt. Die Manschetten sind über eine Vielzahl von Schläuchen mit dem Behandlungsgerät verbunden. Durch die Schläuche pumpt das Gerät dann nacheinander Druckluft; die Manschetten füllen sich von rumpffern bis rumpfnah und drücken auf diese Weise sanft gegen die Haut.

Diese Behandlungsmethode ist dem physiologischen Prinzip der Muskelpumpe und der manuellen Lymphdrainage abgeguckt: Die Lymphgefäße in Füßen, Beinen, Hüfte, Bauch oder Armen erhalten über die Luftkammern der Manschetten von außen genau den Druck, den sie brauchen, um Lymphflüssigkeit und Schlackestoffe optimal zu transportieren.

Während der Behandlung kann man angezogen bleiben und liegt bequem auf einer Liege. Die Behandlung dauert 30 Minuten, findet zwei- bis dreimal pro Woche statt, und insgesamt 15

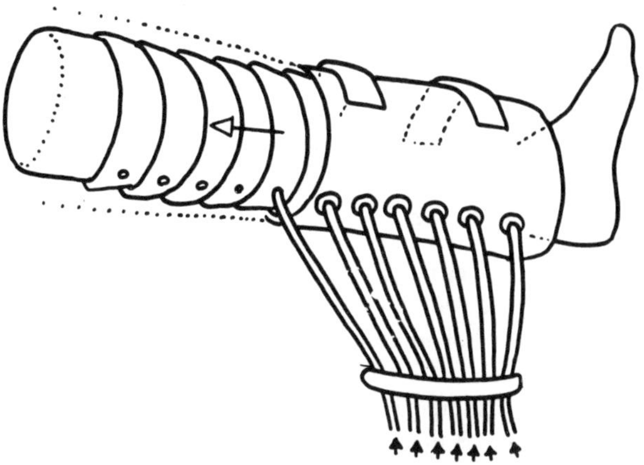

Aufbau einer Behandlungsmanschette für die mechanische Lymphdrainage. Über die Schläuche wird Druckluft in einzelne Luftkammern gepumpt.

bis 25 Behandlungen sind nötig, um auch bei Cellulite im dritten Stadium noch ein optimales Ergebnis zu haben.

Diese Methode, die unter den Namen »Gleitwellenmassage« oder »Slide-Styling« angeboten wird, eignet sich also zur Behandlung der Orangenhaut optimal. Sie wurde parallel im klinischen Bereich für die Ödemtherapie entwickelt, hat sich auch medizinisch bewährt. Wie beim Reizstrom gibt es natürlich auch bei der mechanischen Lymphdrainage Unterschiede in der technischen Ausstattung der Geräte. Auch ist darauf zu achten, daß die Betreiber geschulte Therapeuten sind und dieses durch entsprechende Zertifikate nachweisen können; denn jedes Behandlungsgerät ist nicht mehr als der Baustein einer bestimmten Behandlungsmethode. Und die Wirksamkeit der Behandlungsmethode steht und fällt mit demjenigen, der die Beratung durchführt und die Geräte bedient.

Saugpumpenmassage: der Trick mit dem Vakuum

Eine ganz neuartige Hilfe in der Cellulitebehandlung ist die Saugpumpenmassage oder SPM-Methode. Es handelt sich um eine Kombination aus Schröpfen und Massage. Sie wird ebenfalls im Kosmetikinstitut durchgeführt. Mit Hilfe von Unterdruck wird das Gewebe zunächst entlympht und entschlackt. Nach wenigen Behandlungsminuten wird mit höherem Unterdruck und anderer Behandlungstechnik die Haut optimal durchblutet und mit Sauerstoff versorgt. Das führt dazu, daß in ein und derselben Behandlung auch abgelagerte Nährstoffe, »Fettpölsterchen«, verbrannt werden.

Die SPM-Methode ermöglicht es, in einem weiteren Behandlungsschritt das Gewebe zu straffen. Hierfür wählt die Kosmetikerin einen recht hohen Unterdruck, so daß auch das tiefergelegene Fettgewebe massiert wird. Zwischen den Fettzellen sind nämlich die sogenannten Fibroblasten gelagert; es handelt sich um Spezialzellen, in denen das Bindegewebseiweiß Collagen ständig neu erzeugt wird.

Die SPM-Methode ist übrigens auch gegen Schwangerschaftsstreifen (Striae) und bei weiteren Spezialbehandlungen der Brust und des Gesichts erfolgreich; das setzt eine gründliche Schulung der Kosmetikerin voraus. Aus diesem Grund sind die anbietenden Institute besonders hoch qualifiziert.

6. Der chirurgische Eingriff: Fett-Absaugen

Die radikalste aller Methoden ist das *Fett-Absaugen.* Tatsächlich werden hier jedoch nicht nur Depotfette und Schlackestoffe entfernt, sondern die kompletten Fettzellen. Das hat Vor- und Nachteile:
Der wichtigste Vorteil ist ohne Zweifel, daß man seine unliebsamen Fettpölsterchen zunächst einmal los hat.

Der große Nachteil des Fettabsaugens: Die meisten Behandelten haben anschließend neue Probleme: Das geringste ist dabei noch eine mögliche Verschiedenartigkeit der Beine, zum Beispiel Golfhose am einen – Reiterhose am anderen Bein. Massiver werden die Probleme dann, wenn sich Hämatome nicht mehr zurückbilden, wenn Haut und Gewebe auch noch nach Monaten grün und blau sind, wenn die neuentstandenen Hohlräume in den entleerten Körperflächen mit Gewebswasser volllaufen und aufquaddeln ...

So kann das Fettabsaugen leider immer wieder zu unliebsamen Erscheinungen führen, die ein Leben lang nicht mehr korrigiert werden können! Deshalb überzeugen Sie sich vor der Operation von der Leistungsfähigkeit des Institutes. Fragen Sie im Zweifelsfall bei der örtlichen Gesundheitsbehörde nach, ob das anbietende Institut behördlich registriert ist, ob dort Ärzte arbeiten und ob es schon zu unliebsamen Zwischenfällen oder Merkwürdigkeiten gekommen ist. Lassen Sie sich von dem Institut Referenzen nennen; wer erfolgreich arbeitet, muß hierzu in der Lage sein!

Um den beschriebenen Problemen aus dem Weg zu gehen, wird auch die Technik des chirurgischen Absaugens immer weiter verbessert. Mittlerweile ist sie mit Ultraschallwellen kombiniert. Hierfür wird das Gewebe vor dem Absaugen mit einer Kochsalzlösung vollgepumpt. In diesem Zustand werden die Zellverbände mit Hilfe von Ultraschall zerstört und anschließend mit einer Kanüle abgesaugt.

Natürlich darf auch diese Methode ausschließlich von Ärzten durchgeführt werden. Die Ultraschallwellen der Chirurgie sind übrigens nicht mit der Ultraschalluntersuchung, der Sonographie, oder der Ultraschalltherapie des Masseurs zu verwechseln. Letztere hat sich bis jetzt im Einsatz gegen Cellulite nicht bewährt.

7. Vier Regeln, wie man eine Cellulite sicher in den Griff bekommt

Wenn man die Ergebnisse dieses Kapitels zusammenfaßt, ergeben sich für den Kampf gegen die Orangenhaut folgende Strategien:

① Stellen Sie fest, wie stark die Cellulite bei Ihnen ist (erstes, zweites oder drittes Stadium), wie weit sie sich schon ausgebreitet hat (Cellulitogramm) und ob eventuell die Gesundheit schon in Mitleidenschaft gezogen worden ist (häufig geschwollene Füße, Krampfadern). Entwickeln Sie mehr Bewußtsein für das Funktionieren und die Bedürfnisse Ihres Körpers!

② Allmähliches Umstellen auf richtige Ernährung ist das **A** und **O** beim Kampf gegen die Cellulite! Eine leichte Cellulite kann man allein hierdurch (Vollwertkost, weniger und möglichst hormonfreies Fleisch, möglichst keine Hormonpräparate) und durch ausreichende und abwechslungsreiche Bewegung (Gelegenheiten nutzen) reduzieren. Es ist wichtig, auch der leichten Cellulite gegenüber eine konsequente Haltung (Gesundheitsvertrag) einzunehmen.

③ Zusätzliche Hilfe aus dem Fitneß-, Schlankheits- oder Kosmetik-Studio in Anspruch nehmen! Das gilt sowohl für diejenigen, die Orangenhaut zwar erst im Anfangsstadium haben, sich aber bereits richtig ernähren und ausreichend bewegen, als auch für diejenigen, die Orangenhaut bereits im dritten Stadium haben und erst jetzt mit der Therapie beginnen. Solange es sich »nur« um Orangenhaut handelt, bietet sich die mechanische Lymphdrainage an. Hiermit werden bei sachgemäßer Anwendung die Fettzellen optimal entleert und die Schlackestoffe abdrainiert. Sind auch »Fettpölsterchen« im Sinne von abgelagerten Depotfetten vorhanden, sollte zusätzlich präparativ oder mit Reizstrom (passive Gymnastik) gearbeitet werden.
Die umfassende Anti-Cellulite-Behandlung dauert im Institut circa acht bis zehn Wochen, wobei man mit zwei bis drei Sitzungen pro Woche zu rechnen hat. Gleichzeitig sollte die Ernährung umgestellt werden, wobei in fast allen Fällen der erste Schritt darin besteht, wesentlich mehr zu trinken.

④ Anschließend bleibt die Cellulite dann solange weg, als Sie Ihre neu errungenen Verhaltensänderungen (bessere Ernährung und ausreichend Bewegung) beibehalten und als Sie einigen weiteren Empfehlungen folgen, das Behandlungsergebnis dauerhafter zu machen. Mehr darüber im folgenden Kapitel.

X. Konservierende Maßnahmen nach der Kur

Cellulite ist wie Unkraut im Garten: Wenn man nicht aufpaßt und den Garten nicht ständig hegt und pflegt, kommt es immer wieder! Am einfachsten ist es deshalb, die Cellulite ein für allemal konsequent zu bekämpfen und anschließend solange wie möglich »klein« zu halten!

Doch wie kann man ein gutes und vielleicht auch nicht ganz preiswertes Behandlungsergebnis möglichst lange bewahren?

Das Erste und Wichtigste ist die *Einsicht* und der *Wille*. Sie wissen nun, wie der Stoffwechsel funktioniert und daß die entleerten Fettzellen sich als »Müll-Depot« geradezu anbieten. Was ist für den Organismus einfacher, als in die neu entstandenen Hohlräume erneut und immer wieder seine Stoffwechselschlacken abzulagern! Das gilt jedenfalls für den Zeitraum, den die Zellen brauchen, um auf natürliche Weise auf ihr altes Maß (ca. 1,5 mm im Durchmesser) zu schrumpfen. Und das geschieht nicht von heute auf morgen!

Nach einer Intensiv-Behandlung im qualifizierten Institut, nach manueller Lymphdrainage oder nach Gleitwellenmassage sind die ersten Wochen für die Rückkehr oder das Ausbleiben der Cellulite entscheidend. Jetzt sollten Sie alles daransetzen, das einmal erreichte Stadium zu erhalten. Und das geht nur, wenn Sie richtige Ernährung, Bewegung und Selbstdrainage aktiv berücksichtigen! Was während der Behandlung im Institut noch an flankierenden Maßnahmen zu Hause durchgeführt wurde, muß nun besonders intensiv weiterbetrieben werden.

Ausreichendes Trinken und Vollwertkost als oberstes Gebot

Allen Maßnahmen voran steht ausreichendes Trinken. Wenn es weniger als zweieinhalb Liter täglich sind, reicht die Flüssigkeitsmenge nicht aus, um den gesamten Organismus ständig und immer wieder durchzuspülen. Denken Sie an das Beispiel mit der Waschmaschine: ohne Wasser keine saubere Wäsche.

Genauso wichtig wie ausreichendes Trinken ist richtiges Essen! Wer über Jahrzehnte einen bestimmten Ernährungsstil gepflegt hat, wird sich nicht innerhalb von wenigen Wochen umstellen können. Das gilt für Ihre Physis, Ihren Körper, genauso wie für Ihre Psyche. Sie merken es alleine schon an Ihrer neuen Gewohnheit, nicht mehr hastig zu essen, sondern Pausen zu machen und ausreichend lange zu kauen. Man muß sich erst daran gewöhnen, das braucht Zeit!

Gewohnheiten ändern

Gleiches gilt für das persönliche Fitneß-Programm. Irgendwann kommt der Zeitpunkt, wo einem die Übungen in Fleisch und Blut übergegangen sind. Man kann sich nicht vorstellen, jemals ohne sie gelebt zu haben. Doch irgendwann kommt dann auch wieder genau der Punkt, an dem man denkt: »Heute nicht!« Was tun Sie dann? Werden Sie rückfällig wie der angebliche Nicht-Raucher, der nach Jahren der Enthaltsamkeit »... nur eine einzige« Zigarette raucht und ab dann wieder regelmäßig? Oder sind Sie willens und allen Versuchungen zum Trotz dann auch wirklich in der Lage, Ihren Gesundheitsvertrag einzuhalten?

Konsequent bleiben

Auch die Pflege der entstauten Areale darf nicht vernachlässigt werden. Das menschliche Gewebe erneuert sich ständig selbst; Leben heißt wachsen. Doch zum Leben und Wachsen braucht man auch Nahrung. Zwar ist die Haut in der Lage, die chemischen Stoffe selbst zu produzieren, die sie braucht, um ihre Abwehrkräfte aufrechtzuhalten, um Feuchtigkeit und Spannkraft zu bewahren. Doch mit zunehmendem Alter fällt auch das der Haut immer schwerer. Hinzu kommt, daß man durch die Tenside im Badezusatz oder alleine schon durch zu heißes Wasser den Schutzfilm der Haut regelmäßig zerstört, ganz zu schweigen von den schädigenden Anteilen des UV-Lichts und anderen Umwelteinflüssen wie zum Beispiel der verschmutzten Luft.

Für die pflegebewußte und kosmetisch aufgeklärte Frau ist es deshalb eine Selbstverständlichkeit, auf Seife zu verzichten und statt dessen eine hochwertige kosmetische Waschlotion zu verwenden. Und nach jeder Reinigung kann man der Haut mit einer Body-Lotion die Nährstoffe schnell zurückgeben, die man ihr genommen hat. Eine gute Lotion enthält deshalb ein breitgefächertes Angebot an Inhaltsstoffen, zum Beispiel Feuchtigkeitsfaktoren, häufig auch als *NMF* (= Natural Moistering Factor) bezeichnet. Daneben enthält sie pflegende Bestandteile wie *Kamille* und besonders deren Wirkstoffe *Bisabolol* oder *Azulen*. In den besseren Präparaten findet man auch *Öle*, die gut in die Haut einziehen und sie geschmeidig halten, und *Wachse* (wie Jojoba), die einen mechanischen Schutz bringen, zusätzlich Feuchtigkeit binden und auch einen gewissen Schutz vor den schädigenden Anteilen des UV-Lichts bieten. Und natürlich sollte man auch an die Reinheit der Präparate und deren weitestgehende Schadstoff-Freiheit höchste Ansprüche stellen, damit es nicht zu Irritationen und auf Dauer gar zu anderen ungewollten Hautveränderungen kommt.

Die Haut nähren und pflegen

Wie bereits erwähnt, bietet die moderne Kosmetik mittlerweile auch Präparate, die die Zellen dabei unterstützen wollen, sich möglichst schnell zu erneuern. Stichwort: *Liposomen-Präparat*. Diese Wirkstoffe erhält man bei der Kosmetikerin auch für die Heimbehandlung. Vielfach werden sie in kleinen Ampullen angeboten oder als Gel in Fläschchen mit Pumpspender. In Verbindung mit einer »Ampullen-Kur« empfiehlt sich für Beine, Hüfte, Bauch und Po auch das *Peeling*, das Abschälen oberster Haut- und Hornschichten. Die Präparate dringen dann besser und schneller ein; außerdem macht das Peeling die Haut bedeutend weicher und geschmeidiger.

Die Haut nähren und pflegen heißt also, sie mit all dem zu versorgen, was sie braucht. Das ist mehr als eine kosmetische Attitüde, sondern Ausdruck von hohem Körperbewußtsein und aktiver Gesundheitspflege. Eine gepflegte Haut ist dabei immer auch eine »junge« Haut, schließlich lassen sich gewisse Alterungserscheinungen wie die Faltenbildung aufgrund der sogenannten »freien Radikalen«, Ergebnis der UV-Bestrahlung, durch bestimmte Inhaltsstoffe recht gut in den Griff bekommen. Mit gepflegter, jugendlicher Haut wird deshalb immer auch Vitalität und Gesundheit assoziiert; sie gilt als attraktiv!

Es liegt also an Ihnen selbst, was Sie aus sich, aus Ihrer Cellulite und aus Ihrer Gesundheit machen. So läßt das äußerere Erscheinungsbild des Menschen, der Pflege-Zustand seiner Haut, seiner Figur und Proportionen oft auf die innere Haltung schließen, die dieser Mensch sich selbst gegenüber eingenommen hat. Das vielgeschätzte »positive Denken«,. Ausdruck einer positiven Einstellung zum Leben*, ist nicht nur auch ein »JA« sich selbst gegenüber, sondern auch ein »JA« zu seiner eigenen Leistungsfähigkeit und ein »JA« zu seiner Gesundheit. Für einen solchen Menschen ist die Cellulite also nicht etwas, wogegen »man sowieso nichts machen kann«, sondern die Cellulite ist für ihn eine Herausforderung an seinen Willen und seine Kraft, die Orangenhaut wieder loszuwerden. Dieses Buch will Ihnen dabei helfen.

---

* Dem interessierten Leser empfehlen wir hierzu: »Positiv denken und leben« (Bd. 622), erschienen im Humboldt-Taschenbuchverlag, München.

XI. Der Cellulite zum Verwechseln ähnlich: Fettpölsterchen

Cellulite und »Fettpölsterchen« werden von vielen Frauen oft verwechselt und selbst von den Fachfrauen im Kosmetik-Institut nicht immer auseinandergehalten. Aber man muß nicht dick sein, um Cellulite zu haben; selbst Gertenschlanke können Orangenhaut bekommen. Sie sind nicht minder davon betroffen als die Molligen. Man kann also Cellulite haben, ohne dick zu sein; auf der anderen Seite gibt es nur selten jemanden, der nur Fettpölsterchen hat und keine Cellulite!

Dieses Buch hat sich darum bemüht, die Orangenhaut als eine lokale Lymphzirkulations-Störung zu beschreiben, als eine Unterfunktion im Entsorgungssystem des menschlichen Körpers. Sie ist das Ergebnis mangelnder Muskelpumpentätigkeit, und diese wiederum kann das Resultat ungenügender Bewegung oder eines schlechten Bindegewebes sein. Auf dem Hintergrund dieser physiologischen Differenzierung orientiert sich die Therapie der Cellulite vornehmlich am Aktivieren des Entsorgungssystems, der *Lymphdrainage*.

All das hat mit »Fettpölsterchen« nur mittelbar etwas zu tun. Fettpölsterchen sind ein Phänomen, das auf der anderen Seite des Stoffwechsels existiert, nämlich auf der Versorgungsseite.

Auf der anderen Seite des Stoffwechsels: das Versorgungssystem

Unter *Fettpölsterchen* – hier ist nicht die krankhafte Fettsucht gemeint – versteht man abgelagerte Fette, sogenannte Depotfette. »Depotfett« ist übrigens nicht ganz der richtige Ausdruck, denn es handelt sich nicht nur um Fettsäuren, sondern genauso auch um Eiweiße und um umgewandelte Kohlenhydrate.

Kennzeichnend für diese Stoffe ist, daß sie noch nicht verbrannt sind! Sie stehen dem Stoffwechsel für die Energiegewinnung also noch voll und ganz zur Verfügung. Der Unterschied zwischen diesen noch nicht verbrannten Nährstoffen und den Stoffwechselrestprodukten der Cellulite ist wie der von Kohle und Asche: Letztere bleibt übrig, wenn die Kohle verbrannt ist.

Aus diesem Bild ist möglicherweise auch der Begriff »Schlackestoffe« hergeleitet, der zwar medizinisch wenig exakt ist, aber die Sache dennoch treffend bezeichnet. Und was beim Verbrennen von Kohlen im Ofen als Wärme erzeugt wird, ist im Organismus das *ATP*, die Energie, die bei fast allen Lebensvorgängen, vor allem im Wärmehaushalt und bei der Bewegung, benötigt wird.

Wo die Fettpölsterchen am liebsten sitzen

Depotfett kann sich theoretisch, ähnlich wie die Cellulite, überall im Fettgewebe ansammeln. Vornehmlich sind jedoch Stellen wie das Gesäß, die Oberschenkel, die Oberarme und die Hüften betroffen. Das hängt vom individuell vererbten Fettverteilungsmuster und vom Konstitutionstyp ab. Nicht zuletzt entscheidet aber auch der Zustand des Bindegewebes wieder einmal mit darüber, ob sich die Zellen überhaupt aufblähen können oder nicht.

Die Möglichkeit, daß man überhaupt Nährstoffreserven anlegen kann, wurde als ein Geschenk der Natur bezeichnet: In guten Zeiten wird gefuttert, in schlechten Zeiten oder in der Zeit, wo keine Nahrungsaufnahme stattfindet, wird dann von dem vorhandenen Depotfett gezehrt. Erst wenn mehr Eiweiße, Fette und Kohlenhydrate über die Nahrung zugeführt als verbrannt werden, erfolgt das Abspeichern für eine spätere Verbrennung. Auf die Nährstoffreserven greift ein Organismus also dann zurück, wenn er über die laufende Ernährung seinen Energiebedarf nicht mehr decken kann. In diesem Fall zehrt er von den Reserven (übrigens länger, als man denkt). Wieviel Depotfett abgelagert wird, hängt also davon ab, wieviel Nahrung aufgenommen wurde.

»Fett«-Depots sind für Tiere sinnvoll

In den hochentwickelten Industriegesellschaften ist das Depot-Prinzip für den Organismus des Menschen weitgehend überflüssig geworden; die Nahrungsversorgung ist hier kontinuierlich gewährleistet. Im Gegenteil: Heutzutage gilt es als unschick, Fettpölsterchen zu haben, und als ein Zeichen von mangelnder Selbstkontrolle und von Manipulierbarkeit.

Ähnlich wie gegen Cellulite werden auch für den Kampf gegen die Fettpölsterchen zahlreiche Hilfen angeboten. Nicht alle Waffen, die zu Felde getragen werden, taugen aber wirklich etwas, und viele schießen an dem anvisierten Ziel weit vorbei.

Gegen die unliebsamen Fettpölsterchen soll nun eine Strategie entwickelt werden, und die läßt sich auf eine kurze Formel bringen:

Wer seine Fettpölsterchen loswerden möchte, muß »Fett« verbrennen!

Und wie erreicht man, daß der Körper die abgelagerten Fette verbrennt?
Es gibt mehrere Möglichkeiten:

Die Diät: weniger essen – gleich viel verbrennen

Die Diät ist die physiologisch einfachste und präziseste aller Methoden, schlank zu werden. Sie ist der Stoff, aus dem die Frühlingsträume der Frauenpresse gesponnen werden. Hier braucht es keine besonderen Empfehlungen über diejenigen hinaus, die im Kapitel über Ernährung (vgl. S. 78ff.) in diesem Buch schon gegeben wurden.

Im Hinblick auf die Depotfette ist das Prinzip klar: Wenn man weniger ißt, als man an Energie braucht, bleibt dem Organismus nichts anderes übrig, als auf seine Reserven zurückzugreifen und diese zu verbrennen.

Den Energiebedarf steigern

Wer auf seine Ernährungsgewohnheiten und die gewohnten Nahrungsmengen nicht verzichten kann, der kann Depotreserven »verheizen«, indem er den Energiebedarf seines Körpers erhöht. Mehrere Möglichkeiten stehen zur Auswahl:

Bewegung

Bei jeder Bewegung braucht der Körper Energie. Wer sich mehr bewegt, braucht mehr Energie! Dann verbrennt der Organismus mehr, als Sie ihm über die Nahrung anbieten (vorausgesetzt, Sie essen nicht mehr als gewöhnlich!).

Das erforderliche Mehr an Bewegung können Sie über *Sport* erreichen oder über die sogenannte *passive Gymnastik* mit Hilfe von Geräten im Kosmetik-Institut. Entscheidet man sich für letzteres in Form einer Reizstrom- oder Tiefenwärme-Behandlung, dann gehört als flankierende Maßnahme das Ankurbeln der Entsorgung mittels einer entschlackenden Lymphdrainage dazu, da ja die Nährstoffe zunächst nur in Schlackestoffe umgewandelt werden.

Die Verbrennung aus der Tube

Eine andere Methode, Depotfette aufzuzehren, ist das *Fieber.* »Fieber reinigt und heilt«, sagt der Volksmund und hat recht damit. Doch Fieber ist noch lange nicht jedermanns Sache und vor allem nicht das künstliche Fieber, das medikamentös herbeigeführt wird. Schon eher wirksam und besser verträglich sind die sogenannten *Thermo-Sticks,* kosmetische Präparate, die lokal aufgetragen werden und die Durchblutung anregen.
Die Erweiterung der peripharen Blutgefäße, die an der unvermeidlichen Hautrötung gut zu erkennen ist, ist Zeichen einer verstärkten Sauerstoffaufnahme der Gefäße durch die Haut. Dies wiederum zieht eine bessere »Zellatmung« nach sich, worunter allgemein die Verbrennungsleistung der Zellen verstanden wird.
Andere Produkte schleusen mittels Liposomen Wirkstoffe scheinbar direkt in die Zellen ein und aktivieren quasi von innen

heraus die Atmungs- und Verbrennungsaktivität. Hierbei entsteht das Wärmegefühl zuerst, die Rötung anschließend. Auch quaddelt die Haut bei erstmaligem Auftragen leicht auf. Der Vorteil dieser etwas teureren Produkte ist deren bessere Wirksamkeit und Verträglichkeit.

Akupunktur

Es gibt eine Reihe weiterer Methoden, die den Abbau der Fettpölsterchen in Aussicht stellen, zum Beispiel die Akupunktur: mit Laserstrahlen, mit elektrischen Strömen oder klassisch, mit Nadeln, werden Akupunktur-Punkte stimuliert, die ihrerseits wiederum den Stoffwechsel und seine Verbrennungsleistung zu Höchstleistungen aktivieren sollen. Diese Methoden sind schmerzlos und gut verträglich, werden jedoch nur von wenigen Spezialisten angeboten. Das macht sie dementsprechend teuer. Hinzu kommt, daß hier die Ergebnisse auf sanfte Art und Weise erzeugt werden; und alles Sanfte braucht seine Zeit.

Die »Schlankmacher«

Und dann sind da noch die vielen, vielen Schlankmacher. Angefangen vom Wundertee über die Super-Dragees bis hin zum wiederentdeckten alten Hausmittel gibt es jedes Jahr etwas Neues. Einfache Schlankmacher zügeln nur den Appetit und versorgen den Körper darüber hinaus mit allem, was er für seinen Baustoffwechsel benötigt. Andere optimieren das Verbrennen von abgelagerten Nährstoffreserven über eine Verbesserung der Verbrennungsleistung selbst. Sie erreichen das zum Teil mit Hilfe von natürlichen oder künstlichen Enzymen, die die Eiweiße der Nahrung schon im Dünndarm in sehr kurze Aminosäuren zerlegen, oder mit Hilfe von kurzkettigen Aminosäuren; sie machen sich das Prinzip zunutze, daß der Organismus mehr Energie braucht, um kurzkettige Aminosäuren zu verbrennen, als er dabei an Energie gewinnt!

Die wohl größte Gruppe angeblicher Schlankmacher taugt jedoch nur bedingt. Oft bezahlt man teuer für seine Leichtgläubigkeit.

Bedenken Sie auch, daß gegen eine möglicherweise krankhafte Fettsucht sowieso nur eine medizinisch fundierte Therapie sowie eine eindringliche Ernährungsanalyse und Ernährungsberatung helfen können.

Das Ergebnis dieses Kapitels lautet also:

Gegen die weitverbreiteten unliebsamen Speckröllchen und zehn Kilogramm Gewicht, die die Waage zuviel anzeigt, hilft nur weniger essen und/oder mehr verbrennen. Warum das so ist und was man tun kann, hat Ihnen dieses Buch gezeigt. Wie Sie das erreichen, bleibt neben den Empfehlungen, die Ihnen hier gegeben wurden, Ihnen selbst, Ihrem Willen und Ihrer Phantasie überlassen. Sie können die Lösung dieses Problems nicht an einen anderen delegieren – auch nicht an dieses Buch!

XII. »Bier-« und »Babybauch«

Mit Cellulite hat er fast nichts zu tun und mit Fettpölsterchen wird er oft verwechselt: der dicke Bauch! Wer ihn hat, möchte ihn am liebsten schnell wieder los werden; doch um hier gute Ergebnisse zu erzielen, sollte man einiges über ihn wissen:

Die Rede ist vom eher weiblichen »Babybauch« und vom eher männlichen »Bierbauch«. Bei Frauen ragt er etwas tiefer als beim Mann – gerade oberhalb der Leisten, unterhalb des Nabels – hervor. Er ist meist straff und eher hart als schwabbelig.

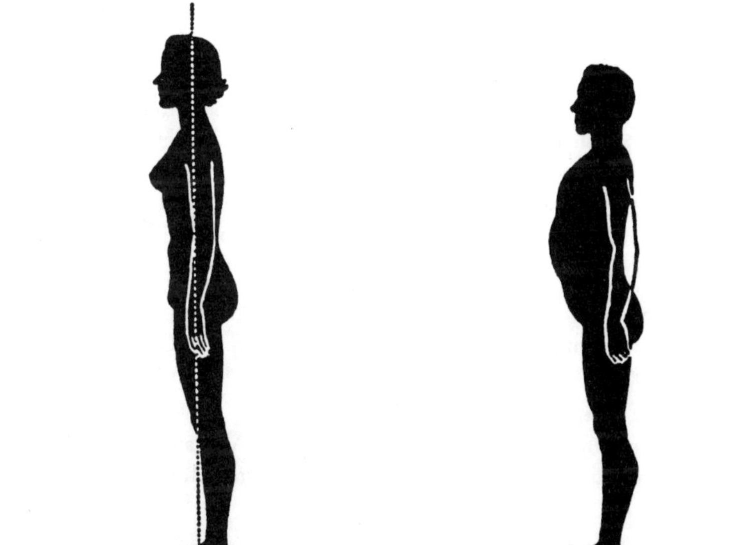

Normalhaltung Habachthaltung

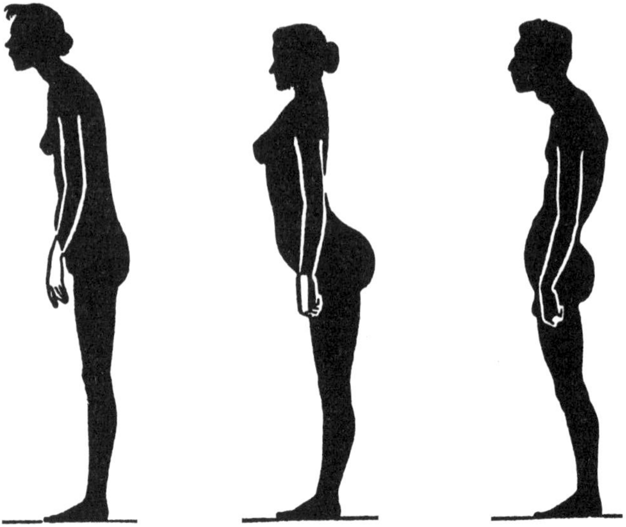

Bauch – Bauch – Bauch
*»Verdauungsstörungen sind oftmals das Ergebnis falscher Körperhaltung.«**

Bei einem solchen Bauch handelt es sich weder um ein sekundäres weibliches Geschlechtsmerkmal (auch wenn er als »typisch weiblich« oft verniedlicht wird), noch handelt es sich bei solch einem Bauch um etwas Erstrebenswertes, selbst wenn – wie beim Mann – mit Worten wie »Wohlstandsbauch« krampfhaft nach einer Rechtfertigung für sein Vorhandensein gesucht wird.

Der Bier- oder Babybauch ist in erster Linie ein aufgeblähter Dünndarm, vollgepfropft und aufgedunsen mit Kot und Gas!

Wie kommt es dazu?
Erinnern Sie sich an das Kapitel über die Verdauung: Die Nahrung, die wir zu uns nehmen, wird im Mund zerkleinert,

---

* Die Abbildung der verschiedenen Körperhaltungen wurde mit freundlicher Genehmigung entnommen aus: Erich Rauch: Die Darmreinigung; Karl F. Haug Verlag, Heidelberg 1989 (37. Auflage).

geschluckt, im Magen eingeschlämmt und gelangt dann als Nahrungsbrei in den Dünndarm. Hier arbeiten Enzyme diejenigen Nährstoffe aus dem Nahrungsbrei heraus, die der Körper braucht und die anschließend durch die Wände des Dünndarms hindurch von den Blutgefäßen aufgenommen werden sollen. Der Rest des Nahrungsbreis passiert den Dünndarm, gelangt in den Dickdarm und wird dann über den After ausgeschieden.

Damit der Dünndarm, der beim Erwachsenen normalerweise übrigens circa sechs Meter lang ist, seine wichtige Arbeit präzise leisten kann, braucht er natürlich eine Energie, die ihn antreibt.

Zum einen bestehen seine Wände hierfür aus Muskeln, zum anderen wird der Dünndarm ständig über das Zwerchfell massiert: Mit jedem Atemzug dehnen sich die Lungen und drücken gegen das Zwerchfell, und das wiederum »massiert« den Dünndarm.

Der aufgeblähte Darm

Bei einigen Frauen kommt es hierbei allerdings zu einer empfindlichen Haltungsstörung, dem *Hohlkreuz:* Brüste nach vorne, Gesäß nach hinten, die Wirbelsäule durchgebogen! Bei solch einer Körperhaltung wird der Druck des Zwerchfells nicht mehr präzise auf den gesamten Dünndarm ausgeübt, sondern nur noch auf den oberen Teil. Das Ergebnis: Der untere Teil des Darms verschlackt.

Der Babybauch der Frau ist also nichts anderes als das Ergebnis schlechter Körperhaltung. Und ein unliebsames Ergebnis dazu! Denn der Dünndarm weitet sich, die Verdauung gerät durcheinander, es bilden sich Gärgase, Giftstoffe werden nicht mehr präzise ausgeschieden, der Kot wird klebrig, kurzum: Der Stoffwechsel gerät in diesem Bereich durcheinander.

Ähnliches gilt für den Bierbauch des Mannes! Anders als bei einer Frau hat der Mann meistens ein festeres Bindegewebe. Deshalb legt er weniger schnell Fettpölsterchen an den Oberschenkeln an und hat meistens auch weniger Cellulite. Die Nährstoffe der Nahrung gelangen also erst gar nicht in die Blutgefäße und damit in die Fettzellen.

Der Dünndarm gibt beim Mann vielmehr immer nur soviel Nährstoffe ab, wie der Organismus tatsächlich braucht oder als Depot einlagern kann. Der Rest verbleibt im Darm.

Wer dann jedoch mehr ißt und trinkt, als sein Körper braucht, bei dem muß sich der Dünndarm nach Ansicht der Mayr-Therapeuten weiten, um mit der Nahrungsmenge fertigzuwerden.

Das führt zu einer Vergrößerung des Bauchraumes und zu einer Vermehrung des Bauchhöhleninhaltes, die unter Umständen ein enormes Ausmaß annehmen kann. In Fachkreisen spricht man nun vom sackförmigen Kotbauch, vom großen Gasbauch oder Gashofbauch. Der Volksmund bezeichnet diese Erscheinungen harmloser als Bierbauch. Stippen Bauch und Darm jedoch erst einmal gut sichtbar und tastbar nach vorne weg, passiert das gleiche wie beim weiblichen Babybauch: Der Dünndarm ist aus dem Druckbereich des Zwerchfells hervorgetreten, erhält nicht mehr genügend Antriebsenergie; er verschlackt und verklebt, und jeder neue Nahrungsbissen muß den langen Weg durch all den Sumpf aus Kot und Gas passieren, um in den Dickdarm und darüber zum After zu gelangen. Alsdann gelten auch hier die gleichen Symptome wie beim Babybauch in Sachen Blähung und klebriger Kot.

Kennzeichen des dicken Bauchs und der ungesunden Verdauung ist der hohe *Verbrauch an Toilettenpapier.* »Am Verbrauch von Toilettenpapier einer Nation kann man deren Gesundheitszustand erkennen«, sagte der österreichische Arzt Dr. Franz-Xaver Mayr, der eine gut wirksame Therapie gegen den dicken Bauch und zur Entschlackung des Organismus entwickelt hat.

Was dem Darm fehlt, ist seine natürliche Antriebsenergie. Die braucht er, und die sollte man ihm unbedingt geben. Und das beginnt bei der richtigen Körperhaltung: Gewöhnen Sie sich an, gerade zu stehen und zu gehen! Wer das Gefühl für seine richtige Haltung verloren hat, macht die altbekannten Übungen und lernt zu Hause, während des Gehens ein Buch auf dem Kopf zu balancieren. Der Begriff »Wohlstandsbauch« bekommt dann bald eine andere Bedeutung!

Das Zwerchfell-Tremolo

Wer möchte und muß, kann den Dünndarm und seine Verdauung mit einer bestimmten Atemübung anregen:

Stellen Sie sich entkleidet vor einen Spiegel, entspannen Sie sich, und atmen Sie tief aus. Wenn alle Luft aus der Lunge ist, versuchen Sie, die Muskeln der Bauchdecke so tief einzuziehen, als wollten Sie Ihre Wirbelsäule damit erreichen. Einen kurzen Moment in dieser Phase den Atem anhalten, entspannen und nochmals einziehen. Dann einatmen und zweimal ruhig durchatmen, und bei ausgeatmeter Lunge und eingezogenem Bauch die gleiche Übung nochmals wiederholen.

Wichtig: Achten Sie vor allem anfangs darauf, diese Übung lieber langsamer, aber dafür »sauber« durchzuführen; »sauber« heißt: Nur dann die Muskeln einziehen, wenn wirklich alle Luft ausgeatmet ist! Mit der Zeit können Sie die Geschwindigkeit des An- und Entspannens der Bauchdecke dann steigern.

Man beherrscht die richtige Technik bald und wird von selbst immer schneller werden. Wer täglich nur fünf Minuten ein Zwerchfell-Tremolo wie dieses durchführt, sollte mit der Verdauung und dem dicken Bauch bald keine Probleme mehr haben.

Mit Nachdruck Druck: manuelle und mechanische Darmmassage

Zur Therapie des dicken Bauches kann auch eine *Darmmassage* gehören. Im Rhythmus von Ein- und Ausatmen wird Druck auf den Darm ausgeübt. Hierfür bedarf es keiner anderen Technik als Handauflegen und Konzentration. Der Druck wird auf die Stelle ausgeübt, die am meisten vorsteht; also bei Männern mitten auf den Bauch, bei Frauen etwas tiefer.

Diese Massage kann man sich zu Hause selbst oder wechselseitig mit einem Partner verabreichen. Eine Viertelstunde täglich reicht schon aus. Ansonsten werden solche Massagen von immer mehr Kosmetik- und Fitneß-Instituten angeboten und in

Verbindung mit einer Diät auch von zahlreichen Naturheilkundlern und einigen Ärzten. Die unterstützenden Diäten beginnen meistens mit einer gründlichen Darmreinigung, die mit viel Trinken – zum Beispiel mit Glaubersalz versetztes Wasser – eingeleitet wird.

Auch der Bauch will gepflegt sein

Der dicke Bauch hat mit Cellulite und »Fettpölsterchen« also nur mittelbar etwas zu tun; deshalb verdient er eine andere Behandlung. Natürlich hat man auch auf der Bauchdecke Fettzellen, die aufquaddeln können. Sowohl Depotfett als auch Cellulite sind dort recht häufig. Hierfür gilt dann das gleiche, wie für die Fett- und Cellulitepolster an den anderen Körperstellen.

Im Unterschied zu den anderen Körperpartien wird der Bauch in der kosmetischen Behandlung häufig vernachlässigt. Vielleicht liegt ein Grund hierfür darin, daß man den Bauch nicht so schnell zeigt wie die Beine. Doch allmählich rückt auch der Bauch mehr ins Körperbewußtsein. Dabei gilt, daß der Bauch grundsätzlich pflegebedürftiger als Oberschenkel oder Arme ist und mehr präparative Zuwendung benötigt.

Da der Bauch keine Muskelpumpe hat, die man stimulieren kann, sollte regelmäßig mit einer geeigneten Creme die Selbstdrainage durchgeführt werden. Zur anschließenden Straffung des Gewebes der Bauchdecke kommt man ab einem bestimmten Alter ohne die Unterstützung hochwertiger Wirkstoff-Ampullen und deren Repair-Komplexe wohl kaum aus. Das betrifft vor allem die Schwangerschaftsstreifen. Und natürlich braucht auch die Haut unserer Bauchdecke Nährstoffe und Feuchtigkeit, um jung und elastisch zu bleiben, auch wenn man sie durch Pulli, Bluse und Badeanzug hindurch nicht sieht.

Aus gesundheitlichen Überlegungen sind Cellulite und Fettpölsterchen auf der Bauchdecke zwar Zeichen eines nicht ganz intakten Stoffwechsels, doch sind sie weniger bedrohlich als eine unbehandelte Cellulite auf den Oberschenkeln oder geschwollenes Gewebe an den Sprunggelenken. Doch vielfach ist der »ungepflegte« Bauch das erste Zeichen dafür, daß jemand aufhört, sich um seine »gute Figur« zu kümmern. Das ist bedauerlich in einer Gesellschaft, die sämtliche Voraussetzungen und Möglichkeiten bietet, gesund und fit, aktiv und attraktiv bis ins hohe Alter zu bleiben.

Nutzen Sie diese Möglichkeiten aktiv für sich! Das steigert Ihr Wohlbefinden, Ihre Attraktivität und Ihr Selbstvertrauen. Deshalb noch einmal zu guter Letzt: Beherzigen Sie die Informationen und Ratschläge, die Ihnen dieses Buch angeboten hat.

In diesem Sinn viel Erfolg!

Nachwort zur 2. Auflage

Seit der ersten Auflage dieses Buches im Jahre 1990 ist die Verbreitung der Cellulite nochmals deutlich merkbar gestiegen. Selbst Mädchen im vorpubertären Alter sind nun beinahe regelmäßig schon von der Orangenhaut betroffen. Auch die Verbreitung bei männlichen Jugendlichen, vor allem im Alter zwischen 14 und 18 Jahren, ist enorm angestiegen. Man hat zuweilen den Eindruck, als wären die Menschen in Europa und den USA plötzlich mit einem anderen genetischen Fettverteilungsmuster ausgestattet. Doch die Gründe liegen, wie beschrieben, in falscher Ernährung: zuviel Eiweiß und zuviel Fett, Überernährung und Verseuchung einiger tierischer Nahrungsmittel mit künstlichen Hormonen!

Mittlerweile liegt auch die erste umfassende wissenschaftliche Untersuchung vor, die vom Verband Medizinische Kosmetik e.V. (VMK) in Auftrag gegeben und von Prof. Dr. Michael Schmidt, Hildesheim, durchgeführt wurde. Für diese Arbeit wurden die Daten und Behandlungsverläufe von über 1000 Patienten ausgewertet. Das Fazit auch hier: Orangenhaut bedroht unsere Gesundheit; durch geeignetete Vorsorge- und Behandlungsmaßnahmen kann man sie jedoch in den Griff bekommen.

Mehr denn je ist es nötig, gegen Cellulite und für die Gesunderhaltung aktiv zu werden. Dabei liegt die Verantwortung für den eigenen Körper bei jedem selbst. Möge dieses Buch dazu beitragen, daß die Aktivität des Lesers, der Leserin gegen Cellulite von Erfolg gekrönt werden.

Aachen, im Mai 1994
R. W.

Anhang

Literaturhinweise

Brunner, U., A. Schrey u. a.: Die intermittierende Kompression bei der Behandlung des geschwollenen Beins und zur Prophylaxe thromboembolischer Erkrankungen. Essen

Chandris, Eugenia: Das Venus Syndrom. Wien

Dufrasne, M. und J. M. Masson: Eine neuartige Behandlung der lokalen Fettleibigkeit. In: Kosmetik-International; Baden-Baden, 11/1983 Sonderdruck

Englisch, Otto: Mein Sieg über die Orangenhaut. Michelau

Fuglsang-Fredriksen, Anders: Electrical Activity and Force during voluntary contraction of normal and diseased muscle. In: Acta Neurologica Scandinavia; Copenhagen, 63/1981

Herpertz, Ulrich: Lymphdrainage. Eine wenig bekannte Therapieform. In: Deutsches Ärzteblatt, 15/1986, S. 1032 ff.

Hübner, Karl und Michael Rünzi: Das Lymphödem, eine vergessene Erkrankung. In: Therapiewoche; Karlsruhe, Sonderdruck

Jacobson, Bernard: Cellulite. In: World Medicine; New-York, 105

Jennes, Lotte: Kosmetik von innen: Ernährung und Haut. Der ganzheitliche Aspekt der Kosmetik. In: Forum; Freiburg, Sonderdruck

Jörgensen, Gerhard: Arzt und Kosmetikerin: eine Belle-Alliance. In: Ärztliche Praxis; München, 25/1988, S. 797 ff.

Kuhnke, Eberhard und Johannes Asdonk: Lymphdrainage und Ödemtherapie als physikalische Entstauungsbehandlung. In: Physiotherapie; Lübeck, 5/6/1980

Rauch, Erich: Die Darmreinigung nach Dr. med. F.-X. Mayr. Heidelberg

Rotter, Gerhard: Die Behandlung des Lymphödems in der Naturheilpraxis. In: Naturheilpraxis. 10/1986, S. 1198 ff.

Rotter, Gerhard und Almut Zimmermann: Mayr-Kuren in der Kosmetik. – In: Kosmetik-Journal; Konstanz, 8/1986, S. 13 ff.

Ulrich, Wolf: Zellulitis ist heilbar. Orangenhaut – vorbeugen und selbst behandeln. – Düsseldorf und Wien (3. aktualisierte Auflage)

Weyergans, Rudolf: Cellulite, die Krankheit die (noch) keine Krankheit ist. – In: Heilpraxis Magazin; Freiburg, 6/1988, S. 24 ff.

Zimmermann, Almut: Mechanische Lymphdrainage gegen Cellulite. – In: Kosmetik-international; Baden-Baden, 8/1985, S. 82 ff.

Register

Entspannung

Ernährung

Gymnastik

Yoga